Landeshauptstadt Wiesbaden · Evangelisches Dekanat Wiesbaden (Hg.)

Susanne Claußen
Reformation wagen

Landeshauptstadt Wiesbaden · Evangelisches Dekanat Wiesbaden (Hg.)
Susanne Claußen

REFORMATION WAGEN

Bürger, Bauer, Edelmann in Zeiten großer Veränderung
Das Beispiel Wiesbaden und Umgebung

Mit Fotos von Axel Sawert

SOCIETÄTS
VERLAG

© 2017 Frankfurter Societäts-Medien GmbH
Layout & Satz: Julia Desch, Societäts-Verlag
Umschlaggestaltung: Julia Desch, Societäts-Verlag
Umschlagabbildung: akg-images
Druck und Verarbeitung: Westermann Druck Zwickau GmbH
Printed in Germany 2017

ISBN 978-3-95542-276-9

INHALT

GELEITWORT

Sehr geehrte Damen und Herren,

in diesem Jahr sind die Buchhandlungen voll mit Werken zur Reformation. Aber dieses Buch ist etwas Besonderes. Natürlich, weil es Wiesbaden zum Thema hat. Es sticht aber auch heraus durch die Herangehensweise: Es ist eine Sicht auf die Reformation im Kleinen, bezogen auf einen überschaubaren Raum. Wenn man so vorgeht, dann wird mit dem Ergebnis auch dem Nichthistoriker klar: Die Reformation ist keineswegs ein zeitlich eng begrenztes Ereignis, sondern ein ganz vielfältiger, höchst unterschiedlich verlaufener Prozess, der sich über Jahrzehnte hinzog.

Sven Gerich

Frau Claußen ist als Autorin ein äußerst lesenswertes Buch gelungen. Sie lässt uns eintauchen in die Lebenswelt vergangener Jahrhunderte und wir können mit ihr den Ereignissen nachspüren. Wir erleben historische Prozesse, die manchmal fast zufällig zu nennen sind, aber große Auswirkungen auf unsere Gegenwart haben. Sie erklärt uns dabei sehr anschaulich die großen sozialen und theologischen Fragen, die im Hintergrund der Reformation stehen. Und damit ist das Buch zweierlei: Ein wichtiger Beitrag zur Wiesbadener Stadtgeschichte und eine allgemeinverständliche Geschichte der Reformation. Lassen Sie sich auf die Spurensuche ein – Sie werden überrascht sein.

Ihr
Sven Gerich
Oberbürgermeister

VORWORT

Im Jahr 2017 feiern evangelische Christen weltweit 500 Jahre Reformation. Ein Ereignis, das mit der Veröffentlichung der 95 Thesen Martin Luthers zum Ablasshandel im Jahr 1517 ursprünglich verknüpft ist, in seiner Breite und Tiefe aber zahlreiche weitere Akteure mit einschließt. Ein ursprünglich theologischer Disput, der sich vor allem um die damalige Glaubenspraxis entspann, entfaltete vielfältige Wirkungen in Kirche, Gesellschaft, Politik und Kultur am Umbruch zwischen Mittelalter und Neuzeit. Wirkungen, die auch aus der Gestalt der Welt in unserer Gegenwart nicht wegzudenken sind.

In zahlreichen und vielgestaltigen Veranstaltungen feiern Gemeinden in und um Wiesbaden dieses epochale Ereignis. Aber neben der Frage, welche Impulse der Reformation bis heute wirken, wie sie Frömmigkeit, die Gestalt der Gesellschaft und unserer Welt beeinflussen oder beeinflussen sollten, steht die ganz andere Frage: Wie lief die Reformation damals im Kleinen ab, wer trug sie, abgesehen von Martin Luther und anderen Theologen, abgesehen von den Reichsstädten und Fürsten, die sich an ihre Seite stellten? Was passierte abseits der Zentren der Reformation? Was passierte in Wiesbaden?

Der vorliegende Band ist eine Reformationsgeschichte des heutigen Stadtgebietes Wiesbadens, eine lokalgeschichtliche Spurensuche nach Wurzeln, Formen und Auswirkungen der Reformation in Wiesbaden. Neben den nassauischen Gemeinden schließt das ehemals eppsteinische Dörfer ein, die zu Beginn der Reformationszeit zur Landgrafschaft Hessen gehörten, und mit Mainz-Kastel und Kostheim ein Stückchen Mainzer Besitz. In diesen drei Herrschaftsgebieten verlief die kirchliche Entwicklung jeweils unterschiedlich: Landgraf Philipp von Hessen, genannt der Altherr, gehörte zu den frühesten und entschiedensten Anhängern der neuen Religion, weshalb der Wiesbadener Osten schon 1526 per Dekret lutherisch wurde. Kastel und Kostheim hingegen blieben katholisch. In der Nassau-Wiesbaden-Idsteiner Herrschaft wurden die Ideen der Reformation nach und nach übernommen. Reformation war dort ein mannigfaltiger Prozess, in dem sich zuerst einzelne Adelige, Bürger oder Pfarrer zu den neuen Lehren bekannten und Veränderungen wagten. Graf Philipp der Altherr griff dabei nur ein, wenn es Konflikte gab, und versuchte, alle Gläubigen davor zu schützen, anderen Riten und Vorstellungen unterworfen zu werden.

Das erste Kapitel nimmt die Leserinnen und Leser auf „Spurensuche" mit: Welche Spuren der Reformationszeit können wir in Wiesbaden finden, was ist aus dieser Zeit in

Wiesbaden erhalten? Diese Frage stellt sich in Wiesbaden besonders dringlich, weil hier die Stadtbrände im 16. Jahrhundert, Zerstörungen im Dreißigjährigen Krieg und der Umbau der Stadt zur „Weltkurstadt" im 19. Jahrhundert buchstäblich keinen Stein auf dem anderen gelassen haben.

Da man in Wiesbaden so wenig von der mittelalterlichen Bebauung erahnt, ist das zweite Kapitel eine ausführliche Darstellung Wiesbadens und seiner Umgebung im Jahr 1517: „Wiesbaden vor 500 Jahren". In welchem Umfeld, unter welchen Bedingungen begann hier die Reformation?

Warum veränderten die Thesen eines Mönches in Wittenberg ganz Europa? Weshalb fiel seine Kritik auf so fruchtbaren Boden? Diesen Fragen geht das dritte Kapitel „Entwicklungen, Herausforderungen, Missstände" nach und zeigt an konkreten Beispielen aus Wiesbaden und Umgebung, welche Missstände es in der Kirche damals gab, vor welchen Herausforderungen die Menschen standen, mit welchen Entwicklungen sie zu kämpfen hatten: Die Beispiele zeigen in aller Deutlichkeit die Reformbedürftigkeit der damaligen Kirche und den Handlungswillen der Menschen.

Große Hoffnung auf Veränderung machten sich die aufständischen Bauern, Knappen und Bürger des Bauernkrieges 1524–1526. Der Bauernkrieg verlief hier unblutig, hatte aber langfristig negative Auswirkungen: Graf Philipp der Altherr verzieh seinen Untertanen den Aufstand bis an sein Lebensende nicht und nahm der Stadt einige Privilegien („Freiheiten"), was die Entwicklung der Stadt bremste. Dies wird im vierten Kapitel „Bauernkrieg 1525" dargestellt.

In chronologischer Folge werden dann im fünften Kapitel die Ereignisse in den Dörfern der Landgrafschaft Hessen dargestellt: „Die Reformation im Ländchen". Philipp von Hessen führte die Reformation 1526 ein, hatte aber nicht genug Pfarrer, um den neuen Glauben in der Fläche zu verbreiten. So traten erst nach und nach lutherisch gebildete Pfarrer ihren Dienst an.

Die Reformation war von Anfang an auch eine Bildungsbewegung. So wurde die bestehende Schule in Wiesbaden erweitert, in den Dörfern kamen neue hinzu. Diese und andere Veränderungen im nassauischen Teil des heutigen Wiesbadener Stadtgebietes werden im sechsten Kapitel „Reformationsgeschehen in Wiesbaden" ausführlich beleuchtet. Weil die Reformation hier nicht zentral gelenkt, sondern lokal ganz unterschiedlich ablief, geht der Blick ganz besonders ins Detail. Dabei werden überraschende Funde aus

der Geschichte Wiesbadens präsentiert. Auch die reichspolitischen Ereignisse werden dargestellt, die auf Wiesbaden Auswirkungen hatten: der Schmalkaldische Krieg, das Augsburger Interim und schließlich die Aufhebung des Interims 1552. Danach konnte eine lutherische Kirchenordnung eingeführt werden, die die Reformation zu einem Abschluss brachte.

Das Evangelische Dekanat Wiesbaden und die Stabsstelle Wiesbadener Identität – Engagement – Bürgerbeteiligung beim Oberbürgermeister der Landeshauptstadt Wiesbaden haben ihre Kräfte gebündelt, um mit der Reformationsgeschichte der Landeshauptstadt Wiesbaden das Verständnis für das Geschehen der Reformation frömmigkeitsgeschichtlich und lokalgeschichtlich zu „erden" und zugleich einen Beitrag dazu zu leisten, Wiesbaden in seiner heutigen Gestalt besser zu verstehen.

Viel Vergnügen beim Lesen wünschen

Dekan Dr. Martin Mencke,
Dr. Thomas Weichel und
Dr. Susanne Claußen

℞ SPURENSUCHE

1517 veröffentlichte Martin Luther seine Thesen zum Ablasshandel und leitete damit einen der größten Umbrüche in der europäischen Geschichte ein. Ein halbes Jahrtausend ist seitdem vergangen. Wiesbaden und seine Umgebung haben in diesen 500 Jahren vieles erlebt: Kriege, Zerstörungen und Verwüstungen, immer wieder Aufbau und Neuanfänge. Neuerungen und Erfindungen, Regierungswechsel, Industrialisierung und in den letzten zweihundert Jahren überragendes Wachstum. Das spätmittelalterliche „Wißbaden", die spätmittelalterlichen Dörfer wie „Cloppheym", „Byrstadt" und „Dotzheym" und alle anderen kann man nur noch an wenigen Stellen erahnen. Was ist in unserem heutigen Wiesbaden aus Martin Luthers Zeit erhalten? Was gibt es noch aus dieser Zeit? Welche Dinge können uns davon Zeugnis geben, wie die Menschen damals lebten, was sie damals bewegte, was sie glaubten? Was ist in Archiven und Sammlungen, in Kirchen, Burgen und Museen zu finden?

Begeben wir uns auf Spurensuche.

Lutherbibeln

Eine der deutlichsten Spuren der Reformationszeit ist in Bibliotheken, Museen, in anderen Sammlungen und in vielen Privathaushalten erhalten: die Lutherbibel. Martin Luthers (1483 – 1546) großes, bleibendes Verdienst war es, die gesamte Bibel aus den Ursprachen ins Deutsche übersetzt zu haben. Er begründete damit nicht nur eine deutsche Hochsprache, formte und prägte das Deutsche ebenso wie die Frömmigkeit, sondern er machte die Bibel auch jedem Gläubigen, jeder Gläubigen zugänglich. Das war eines seiner wichtigsten Anliegen: Nur durch die Heilige Schrift – *sola scriptura* – gelangt man zum Heil, und daher muss man sie auch lesen können. Lang ist die Liste der Verbote volkssprachlicher Bibeln. Und viel länger die Liste der Übersetzungen in Sprachen auf aller Welt, die mit Luther begann. Aus dem Wiesbadener Stadtgebiet seien zwei besonders schöne Lutherbibeln vorgestellt:

Die ältere gehört zum Bestand der Hochschul- und Landesbibliothek RheinMain. Sie wurde 1564 im Verlagshaus von Sigismund Feyerabend in Frankfurt gedruckt.[1] Sigismund Feyerabend (1528 – 1590), Maler und Schriftschneider aus Heidelberg, gründete 1560 in Frankfurt einen eigenen Verlag, der sehr erfolgreich werden sollte, und brachte

Titelblatt der Lutherbibel aus dem Verlag Sigismund Feyerabend, 1564. Links und rechts neben dem rot gedruckten „D. Mart. Luther" steht handschriftlich „Georg Burgkgrawe zu Kirchbergk".

noch im ersten Jahr seines Bestehens eine erste Ausgabe der Lutherbibel heraus. Schon diese war mit Holzschnitten bebildert, aber die Holzschnitte der vorliegenden Ausgabe von 1564 sind noch feiner und prachtvoller. Sie stammen von Jost Amman (1539 – 1591), der zum beliebtesten Buchillustrator seiner Zeit wurde. Die künstlerischen Errungenschaften seiner Zeit zeigen sich in vielen Einzelheiten, vor allem in der zentralperspekti-

Doppelseite aus der Feyerabend-Bibel von 1564. Die Abbildung zeigt die Salbung Davids zum König. Samuel gießt das Salböl aus einem Horn über den knienden David. Die Gewänder und Kopfbedeckungen der umstehenden Personen sind eine Mischung aus Phantasien und katholischer Amtstracht. Der Besitzer der Bibel, Georg III. von Kirchberg (1569– 1641), hat einzelne Passagen unterstrichen und eigene Gedanken an den Rand geschrieben. Hier überlegt er, welchen Stellenwert ein „Bekändnis" und ein „bußfertiges Herz" haben.

visch dargestellten Architektur und den kraftvoll bewegten Figuren. Nach dem Druck wurden die Holzschnitte von Hand koloriert. Neu war Feyerabends Idee, die Bibel mit einem Sachregister zu versehen und am Seitenrand Stichworte und Zusammenfassungen hinzuzufügen. Wie man auf den Abbildungen sieht, ist der Druck wundervoll erhalten, die Farben leuchten. Das Werk stammt aus dem Besitz eines frühen Sammlers, Burggraf Georg III. von Kirchberg (1569–1641) in Thüringen. Er hatte eine große Bibliothek – auch die andere Feyerabend-Bibel der Hochschul- und Landesbibliothek RheinMain[2] gehörte ihm – und nutzte sie fleißig: Seinen Namen hat er auf das Titelblatt geschrieben, und im Text finden sich Anmerkungen. Einer seiner Nachkommen heiratete eine Gräfin von Manderscheid-Sayn, und deren gemeinsamer Sohn residierte als Burggraf von Sayn-Hachenburg-Kirchberg in Hachenburg. Offenbar brachte er die nicht von der Regierungsbibliothek getrennte Familienbibliothek von Thüringen nach Hachenburg. Im Zuge der Auflösung und Zentralisierung der verschiedenen Bibliotheken in Nassau ab 1803 kam 1822 auch der Hachenburger Bestand mit rund 2.250 Bänden nach Wiesbaden.

Die zweite Bibelausgabe ist nur wenig jünger und wird im Dotzheimer Museum aufbewahrt. Sie hat eine gänzlich andere Geschichte. Gedruckt wurde sie 1567 von Hans

Doppelseite aus der Lutherbibel in Dotzheim mit Familienname Schwein. Auf den beiden Seiten des Kruzifixes knien Martin Luther und der Kurfürst von Sachsen. Druckerei Hans Lufft, 1567, Dotzheimer Museum.

Lufft (1495–1584) in Wittenberg. Hans Lufft lernte sein Handwerk in Leipzig und arbeitete dann in Wittenberg in zwei Druckereien; die zweite übernahm er schließlich. Hans Lufft verlegte 1534 die erste Gesamtausgabe der Lutherbibel. Er ließ viele weitere Ausgaben folgen, bevor das Privileg, Lutherausgaben zu drucken, weitergegeben wurde. Die Ausgabe im Dotzheimer Museum beinhaltet ein Porträt des sächsischen Kurfürsten, der dieses Privileg verlieh. Auch diese Bibel trägt deutliche Gebrauchsspuren. Eintragungen und sogar Handzeichnungen sind in ihr zu finden. Was sie ganz besonders macht, ist, dass sie nachweislich hier im Wiesbadener Raum in Familienbesitz war, zunächst im Besitz der Familie Schwein. Hans Peter Schwein, im 17. Jahrhundert Bürger in Kloppenheim, schrieb besonders viele Eintragungen in die Bibel. Im 19. Jahrhundert gelangte die Bibel in den Besitz der Familie des Dotzheimer Bürgermeisters Georg Heil (amtierte 1881–1901) und von dort ins Museum.

Macht und Herrschaft

Beeindruckende Spuren des Mittelalters findet man in Sonnenberg. Die Ruine der Burg erzählt von den Machtkämpfen des Mittelalters in der Region hier und von den komplizierten Herrschaftsverhältnissen zu Beginn des 16. Jahrhunderts.

Handschriftliche Eintragungen in der Lufft-Bibel von 1567, Dotzheimer Museum.

Heute steht die Burg Sonnenberg nur noch als Ruine, obwohl sie wahrscheinlich nie eingenommen wurde.[3] Sie war im jahrhundertelangen Streit zwischen den Grafen von Nassau und den Eppsteinern entstanden und sicherte an einer Talenge das nassauische Gebiet. Zu Beginn des 16. Jahrhunderts war sie nicht mehr ständig bewohnt, wurde aber zum Beispiel genutzt, um die Gefolgschaften von durchreisenden Herrschern unterzubringen. 1526 verlegte der damals über Wiesbaden herrschende Graf Philipp der Altherr (regierte 1511–1558) seinen Wohnsitz vorübergehend in die Burg Sonnenberg, weil in Wiesbaden eine Seuche, wahrscheinlich die Pest, grassierte. Auf drei Terrassen zur Fes

Blick auf den Bergfried der Burgruine Sonnenberg.

tung ausgebaut, zeugt die Burg Sonnenberg von den Herrschaftsverhältnissen an der Wende zum 16. Jahrhundert, die ausgesprochen kompliziert waren und das Leben der Menschen bestimmten. Sonnenberg war im Zuge der Teilung der Grafschaft Nassau 1355 unter den Brüdern Walram IV. und Philipp I. von Nassau geteilt worden und gehörte fortan teils der Nassau-Wiesbaden-Idsteiner Linie, teils der Linie Nassau-Weilburg (und anfangs sogar noch hälftig der verwitweten Mutter der beiden Brüder). Die Einkünfte aus Burg und Flecken Sonnenberg sowie aus Auringen und Kloppenheim teilten sich die beiden Adelslinien.[4] Den Nassau-Weilburgern stand der obere Teil der Burg und ein Viehhof jenseits der Talmauer zu; die Nassau-Wiesbaden-Idsteiner bekamen den unteren Teil der Burg. Auch die Untertanen waren aufgeteilt und mussten teils den Weilburgern, teils den Wiesbaden-Idsteinern Dienste leisten. Die Herrschaft in Sonnenberg übten beide Geschlechter gemeinsam aus. Als nun die Nassau-Weilburger sich schneller den Reformatoren zuwandten als Graf Philipp der Altherr, musste man sich einigen. Welchem Ritus sollte man folgen? Komplizierter wurde es noch in den Drei- und Vierherrengebieten, die es in Nassau auch gab. Herrscher und Untertanen, Dorfpfarrer und Kirchenfürsten hatten ihre unterschiedlichen Interessen und Überzeugungen bezüglich des neuen Glaubens, und das machte das 16. Jahrhundert äußerst spannungsreich.

Priester und Laien

In der evangelischen Kirche in Breckenheim findet sich die Spur eines wichtigen Streitpunktes der Reformationszeit. Dort steht eine Grabplatte, die, zwar beschädigt, dennoch eine der wichtigsten Forderungen der Reformationszeit illustriert: den Laienkelch.[5]

In der katholischen Kirche war und ist es üblich, dass den Nicht-Priestern, also den Laien, beim Abendmahl nur der Leib Christi in Form der Hostien ausgeteilt wurde. Das Blut Christi im Messopfer zu empfangen, war ein Privileg der Geistlichkeit. Deshalb wurden Pfarrer oft in ihrem Priesterornat mit dem Kelch in den Händen dargestellt. So auch Johannes Textor aus Schaafheim, der von 1496 bis 1513 in Breckenheim Pfarrer war. Seine Grabplatte aus Buntsandstein ist heute schwer beschädigt, weil sie wohl zwischenzeitlich als Brunnenabdeckung diente. Erst 1992 entdeckte man sie bei Kanalbauarbeiten wieder. Auf Höhe von Textors Kinn ist die Grabplatte gebrochen. Aber man sieht im Flachrelief deutlich die Falten seines Gewandes und den Kelch, den Textor mit beiden Händen hält. Den wollten die Laien auch bekommen dürfen. Der bekannteste Theologe, der dies schon im 15. Jahrhundert forderte, war Jan Hus (um 1370–1415). Er wurde 1415 auf dem Konstanzer Konzil als Ketzer verbrannt. Seine Reformbewegung lebte allerdings weiter. Auf dem folgenden Konzil, dem später sogenannten „Basler Reformkonzil", wurde 1431 den böhmischen Hussiten der Laienkelch als eine Art Sondergenehmigung erteilt, allerdings nur ihnen. Anderswo

Die Grabplatte von Johannes Textor in der evangelischen Kirche Breckenheim. Just im Bereich seiner Hände und des Kelches ist auch ein Stück Stein abgeplatzt.

blieb den Gläubigen der Laienkelch in der römisch-katholischen Kirche verwehrt, weshalb er zu einem der wichtigsten Merkmale für evangelische Gottesdienste wurde: Alle Gläubigen bekamen dort Brot und Wein. Unabhängig von den Verzweigungen lutherischer und reformierter Abendmahlslehren, die die Idee des Messopfers ablehnen – das Abendmahl in beiderlei Gestalt war für die Gläubigen eine entscheidende Veränderung. In Breckenheim, das als Pfarrei der hessischen Landgrafschaft nominell schon 1526 evangelisch wurde, repräsentierte das Grab Textors fortan eine andere Glaubenswelt, eine andere Kirche.

Die evangelische Kirche in Breckenheim mit dem romanischen Turm.

Kirche im Zentrum

Einer weiteren Spur gehen wir in Igstadt nach, wo die älteste Glocke im Wiesbadener Raum erhalten ist.[6] Sie wurde 1985 restauriert und erklingt seit über 550 Jahren. An dieser Glocke kann man sich vor Augen und Ohren führen, wie allgegenwärtig einst die christliche Kirche war. Die wesentlich größere Bedeutung des Glaubens und der Institution Kirche unterscheidet unser heutiges Leben fundamental von dem unserer Vorfahren im 16. Jahrhundert.

Die Glocke Sankt Anna von 1456 in der evangelischen Kirche in Igstadt.

Nicht nur gab es damals wahrscheinlich sehr viele Menschen, denen es sehr wichtig war, für ihr Leben nach dem Tod im kirchlichen Sinne zu sorgen. Sondern die Kirche war auch viel stärker Taktgeber und Mittelpunkt des Lebens als heute. Sie strukturierte, regulierte, ordnete. Die Kirche war immer da. Die fragliche Glocke in Igstadt wurde laut Inschrift 1456 gegossen, und gemeinsam mit den anderen Glocken gab sie den Tages- und Wochenrhythmus vor. Die Glocken wurden bei Festen, aber auch bei Gefahr geläutet, wenn sich zum Beispiel Soldaten oder Gewitterwolken näherten. Diese Aufgabe übernahm nicht immer der Kirchendiener, wie eine Eintragung der Wiesbadener Bürgermeisterrechnung von 1524 belegt: „Item Inn der wochen nach Sanct Johans baptisten tag und Inn der wochen nach Sanct Pater und Pauly tag haben die Schötzen [= Schützen] zwey male bey nacht und auch bey tage zum wetter gelaut [= geläutet]. Hat man Inen all male ein viertel wyns [= Wein] und 2 dreyling brots geben."[7] Hatte eine Kirche mehrere Glocken, diente oft eine als „Totenglocke", eine andere als „Wetterglocke". Wie das in Igstadt damals gehandhabt wurde, lässt sich nicht mit Sicherheit feststellen. Aber da sie besonders verziert war, wurde sie vielleicht tatsächlich auch zur Warnung und zur Abwehr von Unwettern geläutet. Sie trägt einen kurzen Vers, der ihren Namen und den Namen ihres Gießers nennt. Letzterer war ein gewisser Jost Vetter; der Name der Glocke wurde lange als „Susanna" gelesen. Wahrscheinlicher ist jedoch, dass sie Sankt Anna heißt und man die

Igstadt. Straßenszene mit der evangelischen Kirche.

Tafelbild mit der Hl. Katharina, Teil eines Flügelaltares von 1517, Mittelrhein.

Buchstaben nicht richtig zuordnete. Besonders fein sind die kleinen Verzierungen zwischen den Worten: kleine Symbole der Evangelisten. Aus anderen Quellen weiß man, dass gerade solche „Evangelisten-Glocken" als Wetterglocken geläutet wurden.[8] Die Kirche war damals nicht nur bei Gefahr, sondern einfach immer im Bewusstsein der Menschen.

Gegenwärtigkeit der Heiligen

Zur Allgegenwärtigkeit des christlichen Glaubens trugen auch die Kunstwerke bei, die die Kirchen und Kapellen, Klöster und Häuser schmückten. Weniges ist davon erhalten, aber beispielhaft sei auf eine Darstellung der Hl. Katharina verwiesen, die im Museum Wiesbaden zu sehen ist.[9] Erkennbar an ihren Attributen, dem Schwert und dem Rad, ist sie eine von vier weiblichen Heiligen, die auf den Innenseiten eines Flügelaltares aus Burg Schwalbach dargestellt sind. 1860 gelangte dieser Altar in die Sammlung Nassauischer Altertümer nach Wiesbaden. Sein Hauptstück zeigt eine Madonna mit Kind im Strahlenkranz und zwei männliche Heilige. Wir wenden uns aber Katharina zu, weil auch in St. Mauritius in Wiesbaden ein Katharinenaltar stand, in Frauenstein eine Katharinenkapelle, in Sonnenberg, Medenbach und Igstadt weitere Katharinenaltäre. Katharina war über die Jahrhunderte hinweg eine beliebte Heilige. Der Legende nach wurde sie als Märtyrerin mit dem Schwert enthauptet, nachdem ein Engel das ursprünglich vorgesehene Mordinstrument, drei mit Sägen und Nägeln gespickte Räder, die die Jungfrau hätten zerreißen sollen, zerstört hatte. Dass es schon im 15. Jahrhundert Stimmen gab, die sie als zu legendenhaft aus dem Heiligenkalender streichen wollten, tat ihrer Beliebtheit keinen Abbruch. So ist sie auch auf diesem Altar dargestellt. Neben Katharina steht auf dem gemusterten, perspektivisch dargestellten Fußboden die Hl. Barbara, und beide, genauer gesagt, alle vier Frauenfiguren sind so dargestellt, als wären sie Zeitgenossinnen des Künstlers. Ihre Gesichtszüge sind europäisch, ihre Frisuren und Gewänder prachtvoll und modisch. Kostbaren Goldschmuck tragen sie, die blonden Haare sind fein geflochten. Auch wenn sie vor einem zeitlosen Goldgrund stehen, sind sie greifbar nah. Man möchte das zerbrochene Rad vor Katharina wegschieben und ihren pelzbesetzten Mantelsaum berühren. Noch näher kamen die Heiligen den Gläubigen nur in Reliquien, aber deren Spuren sind in Wiesbaden vielfach verwischt.

Buchdruck

Der Bestand der Hochschul- und Landesbibliothek RheinMain zeugt auch von der Medienrevolution, die der Reformation vorausging und eine Bedingung für ihren Erfolg war: vom Buchdruck. Hätte Johannes Gensfleisch zu Gutenberg (um 1400–1468) nicht in der Mitte des 15. Jahrhunderts ein Verfahren entwickelt, das die Handschrift ergänzte und Schriftgut schneller und billiger verfügbar machte, hätten sich die reformatorischen Lehren nicht so schnell verbreiten können. Johannes Gutenberg ist am Portal der Hochschul- und Landesbibliothek RheinMain dargestellt, und in ihren Beständen hat sie beeindruckende Drucke des 15. und 16. Jahrhunderts.

Schon vor der Reformation explodierte die Zahl der verfügbaren Texte. Das wird im Inkunabel-Bestand der Hessischen Landesbibliothek ganz deutlich greifbar. Inkunabeln nennt man die frühen Buchdrucke bis ca. 1500. 442 Inkunabeln verzeichnet die Hochschul- und Landesbibliothek. Gedruckt wurden sie unter anderem in Köln, Mainz, Heidelberg, Nürnberg, Speyer, Basel, Straßburg, Lyon und Venedig. Bevor sie in die Hochschul- und Landesbibliothek beziehungsweise ihre Vorgängersammlungen gelang-

Darstellung Johannes Gutenbergs am Portal der Hochschul- und Landesbibliothek RheinMain in Wiesbaden.

ten, standen sie in Klosterbibliotheken, in der Hohen Schule Herborn oder im Gymnasium Weilburg.[10] Nicht bei allen ist ihre Herkunft bekannt. Unter anderem besitzt die Hochschul- und Landesbibliothek vier Wiegendrucke des Theologen Juan de Torquemada (Johannes de Turrecremata). Sie seien hier beispielhaft herausgegriffen, weil Juan de Torquemada (1388–1468) einer der wichtigsten Theologen des Spätmittelalters und ein Kämpfer für den Papalismus war.

Die Frage nach der Stellung des Papstes stellte sich in größter Dringlichkeit ab 1378, als zwei, später drei Päpste gleichzeitig die Christenheit führen wollten. Dieser für das Ansehen der Kirche äußerst abträgliche Zustand konnte mit dem oben erwähnten Konstanzer Konzil beendet werden. Die Frage nach der Stellung des Papstes war damit jedoch nicht geklärt. Gerade zu Martin Luthers Zeiten war es wieder umstritten, ob die höchste Gewalt in der Kirche beim Papst oder beim Konzil liegen sollte: Auf dem 5. Laterankonzil, 1512–1517, wurde diese Frage erneut behandelt. Überzeugter Verfechter des Papalismus war hier Silvester Mazzolini aus Prieria (1456/57–1527), genannt Prierias, der zu einem erbitterten Gegner Luthers wurde. Das Problem bestand also fort, und so wurden auch Torquemadas Schriften immer wieder neu gelesen und neu gedruckt. Drei seiner Werke befinden sich in der Inkunabel-Sammlung der Hochschul- und Landesbibliothek, eines davon sogar in zwei Ausgaben.[11] Das zeigt sehr anschaulich, dass theologisches Interesse und Wissen am Vorabend der Reformation nicht nur in den großen Klöstern und theologischen Zentren, sondern flächendeckend vorhanden waren.

℞ INKUNABELN

Vom lat. „incunabula" (= Wiege) ist die Bezeichnung für die Druckerzeugnisse aus der Frühzeit, der „Wiegenzeit", des Buchdruckes bis ca. 1500 abgeleitet. Anfangs glichen die Drucke äußerlich sehr den Handschriften ihrer Zeit, lösten sich aber immer mehr davon. Schon bald wurde neben Bibeln, theologischen und wissenschaftlichen Abhandlungen alles gedruckt, was die Menschen interessierte. Rund 30.000 Ausgaben sind bekannt. Sehr viele Inkunabeln erfasst die Datenbank INKA, auf der man nach Titeln und Themen, Druckorten, Provenienzen und anderen Kriterien suchen kann: www.inka.uni-tuebingen.de. Auch die Inkunabeln der Hochschul- und Landesbibliothek RheinMain sind dort erschlossen.

Bibliotheksschätze.

Unter den Inkunabeln finden sich alte und neue Werke und natürlich auch die Grundlage des christlichen Glaubens: die Bibel. Luthers Übersetzung der Bibel ins Deutsche ist die wichtigste deutsche Übersetzung, aber nicht die

erste. Auch in der Hochschul- und Landesbibliothek finden sich ältere deutschsprachige Bibeln, unter
anderem eine Bibel, die von Johann Sensenschmidt
und Andreas Frisner zwischen 1476 und 1478 in
Nürnberg gedruckt wurde. Sie gehörte zum Bestand
des Prämonstratenserklosters Sayn.[12] Als das Kloster
1803 aufgelöst wurde, brachte man die Klosterbib-
liothek per Schiff nach Biebrich und von dort nach
Wiesbaden. Die Sensenschmidt-Bibeln folgten der
Übersetzung von Günther Zainer (gest. 1478), auch
die Holzschnitte der Bildinitialen folgen dieser älteren Vorlage. Anders als in der Vorlage, versuchten
die Künstler hier jedoch, durch Schraffuren auch im
Bildrahmen Tiefe und Räumlichkeit hervorzurufen,
ohne ein nachträgliches Kolorit zwingend nötig zu machen. Die Sensenschmidt-Bibeln
sind besonders selten.

 PAPALISMUS – KONZILIARISMUS

Papalismus bedeutet, dass der Papst die höchste Macht in der Kirche haben soll und nicht die
Versammlung der Kardinäle, also das Konzil. Der
Gegenstandpunkt wird entsprechend Konziliarismus genannt. Der Streit um die Stellung des Papstes entbrannte besonders heftig ab 1378, als zwei,
und später sogar drei Päpste gleichzeitig bean-
spruchten, das Haupt der Kirche zu sein, und sich
gegenseitig exkommunizierten.

Schriftstücke zur Lokalgeschichte

Besonders eindrückliche Spuren der Reformationszeit finden sich in den Archiven. Für
die Lokalgeschichte sind die handgeschriebenen Akten und Urkunden, die im Stadtarchiv Wiesbaden und im Hessischen Hauptstaatsarchiv Wiesbaden lagern, von höchs-
tem Wert. Sie sind wahre Schätze und zum Glück auch schon größtenteils ausgewertet. Einer dieser Schätze ist die Kellereirechnung Wiesbadens von 1524, aufgestellt vom
Amtskeller Ludwig Endtstein.[13] Auf den Blättern 282 und 283 (nachträgliche Paginie-
rung) sind „Ausgifft pension und zinß" verzeichnet, geordnet, wie bei den anderen Einnahmen und Ausgaben auch, nach dem Auszahlungsdatum. Die Daten wurden damals
nach den Sonntagen des Kirchenjahres und den Heiligenfesten bestimmt, es heißt also
„donerstag nach Letare" oder „uff sontag nach Andree". Dahinter kommt das Verzeichnis dessen, was an wen ausgezahlt wurde – Buchhaltung eben. Zwanzig Posten sind es,
aber zwei davon kritisierte Ludwig Endtstein. Die Ausgabe für die Jakobsbrüder kom-
mentierte er mit dem Satz: „Wer [= wäre] besser man hett under[lassen]". Und unter der
Ausgabe „sant Kathrinen Altares halben, IIII Messen zu lesen" fügte der Kellermeister
an: „Wer [= wäre] besser geprediget das euangelium". Ganz offenbar hielt der Rechnungs-
meister manche religiösen Aktivitäten für unsinnig. Dieser Wiesbadener Bürger, theologisch bestimmt ungeschult, hatte eine klare Meinung zum christlichen Geschehen der

Zeit: Die eine oder andere Bruderschaft hielt er für überflüssig, und die Geistlichen sollten lieber die Frohe Botschaft predigen, als Messen zu zelebrieren. Eine Messe hat ihren Wert in sich, eine Gemeinde ist für die Messfeier gewissermaßen irrelevant. Aber die Predigt des Evangeliums soll der Gemeinde nützen. Da dieser Kellermeister seine Meinung sogar in sein Rechnungswesen einfließen ließ – hat er sich dann nicht auch sonst geäußert? Und die Forderungen der Reformatoren aufgenommen und weitergetragen? Wir wissen es nicht, aber seine Eintragungen in das Rechnungsbuch sind ein hinreißender Beleg dafür, dass die Streitfragen der Zeit von vielen Bevölkerungsgruppen diskutiert wurden und die Menschen auch hier, fern von Worms oder Wittenberg, bewegten.

Kellereirechnung von 1524. Persönliche Kommentare zu den Ausgaben. HHStAW 137 KellR 1505–1526, pag. 282 und 283.

Anmerkungen zum Kapitel

1 S. dazu: Götting, Franz und Ruprecht Leppla: Geschichte der Nassauischen Landesbibliothek zu Wiesbaden und der mit ihr verbundenen Anstalten 1813–1914. Festschrift zur 150-Jahr-Feier der Bibliothek. Wiesbaden, 1963; Leonhard, Joachim-Felix: Biblia. Deutsche Bibeln vor und nach Martin Luther. Katalog zur Ausstellung der Universitätsbibliothek Heidelberg 1982/83. Heidelberg, 1982.

2 Genauer gesagt, handelt es sich dabei nur um einen Teil, um das Alte Testament aus einer wiederum ganz besonderen Ausgabe. Herzog Christoph von Württemberg orderte bei Feyer

abend 200 Bibeln, um damit die Pfarreien seines Herzogtums bestücken zu können. Dazu gehört dieses Alte Testament. Dem Text ist ein Widmungsblatt mit dem Porträt und dem Wappen des Herzogs vorangestellt. Diese Bibelausgabe war nicht koloriert.

3 Czysz, Walter: Sonnenberg. Die Geschichte eines nassauischen Burgfleckens vom Mittelalter bis zur Eingemeindung nach Wiesbaden. Nach Urkunden, Gerichts- und Kirchenakten sowie anderen Dokumenten. Wiesbaden, 1996; Renkhoff, Otto und Walter Czysz: Sonnenberg. In: Nassauische Annalen 112, 2001, S. 1–57.

4 Auringen und Kloppenheim gehörten dazu, weil sie unter Gräfin Irmgard Ende des 14. Jahrhunderts zu einem Gerichtsbezirk Sonnenberg zusammengefasst worden waren. Gräfin Irmgard hatte Sonnenberg als Wittum bekommen, förderte ihren Witwensitz und erwirkte sogar die Verleihung der Stadtrechte an Sonnenberg.

5 Leppin, Volker: Das Zeitalter der Reformation. Eine Welt im Übergang. Darmstadt, 2009, S. 12 f. und S. 32 ff.; Monsees, Yvonne und Rüdiger Fuchs: Die Inschriften der Stadt Wiesbaden. Wiesbaden, 2000, Nr. 52; Wolf, Stefan G.: Kirchen in Wiesbaden. Gotteshäuser und religiöses Leben in Geschichte und Gegenwart. Wiesbaden, 1997, S. 85.
Eine ähnliche, besser erhaltene Grabplatte vom Beginn des 16. Jahrhunderts findet sich in der Paulskirche in Erbenheim. Monsees/Fuchs, 2000, Nr. 41.

6 Monsees/Fuchs, 2000, Nr. 35.

7 Stadtarchiv Wiesbaden, WI/1 320, Bürgermeisterrechnung 1524, pag. 49.

8 Monsees/Fuchs, 2000, Nr. 24.

9 Von Fircks, Juliane: Bestandskatalog der Skulpturensammlung des Mittelalters 12. bis 16. Jahrhundert im Museum Wiesbaden. Unveröffentlichtes Manuskript, Kat. Nr. 21, Inv. Nr. 10965. Dort eine ausführliche Würdigung des Altares.

10 Götting/Leppla, 1963; Fabian, Bernhard: Handbuch der historischen Buchbestände in Deutschland, Österreich, Europa. Als Datenbank unter http://fabian.sub.uni-goettingen.de/

11 De efficacio aquae benedictae. Nürnberg, um 1515. Entstand im Zusammenhang mit dem Basler Konzil und der Frage nach dem Laienkelch; Expositio super toto psalterio. Mainz, 1474. Dieses Werk war im Besitz des Zisterzienserklosters Marienstatt gewesen. Davon hat die Hochschul- und Landesbibliothek eine zweite Ausgabe. Quaestiones Evangeliorum de tempore et de sanctis. Köln, 1478.

12 Götting/Leppla, 1963, S. 72 f. Zur Sensenschmidt-Bibel: Eichenberger, Walter und Henning Wendland: Deutsche Bibeln vor Luther. Die Buchkunst der achtzehn deutschen Bibeln zwischen 1466 und 1522. Hamburg, 1977.

13 Hessisches Hauptstaatsarchiv Wiesbaden: HHStAW 137 KellR 1505–1526, pag. 282 und 283. Vgl. Renkhoff, Otto: Wiesbaden im Mittelalter. Wiesbaden, 1980, S. 339.

WIESBADEN UND UMGEBUNG VOR 500 JAHREN

Wandert oder fährt man durch Wiesbaden und die heute oft direkt angrenzenden, eingemeindeten Ortsteile, ist es nicht leicht, sich 500 Jahre zurückzuversetzen. Anders als in vielen anderen deutschen Städten erinnern in Wiesbaden selbst nur die Verläufe einiger Straßen an die mittelalterliche Bebauung, aber sonst nichts. Im Vergleich zu heute war das mittelalterliche Wiesbaden winzig. Auch die heutigen Vororte sind seitdem gewaltig gewachsen. Früher lagen Felder, Äcker, Weinberge zwischen Wiesbaden und den Dörfern der Umgebung, von denen viele eine eigene Pfarrkirche hatten und manche gar nicht zu Nassau gehörten. Bevor wir uns in die Reformationsereignisse vertiefen, wollen wir daher die Umgebung erkunden, in der dies alles passierte.[1]

Wiesbaden zur Zeit von Adolf III. und Philipp dem Altherrn

Die Herrschaft Idstein-Wiesbaden wurde von 1511 bis zum Tod von Graf Philipp (1490–1558), genannt der Altherr, regiert. Sein Vater und Vorgänger, Graf Adolf III.

Wiesbaden heute. Die Türme der Lutherkirche, von Dreifaltigkeit und der Marktkirche (von links) überragen die meisten Gebäude.

(1443–1511, regierte ab 1480), war ein sehr umtriebiger Mann gewesen, der in der Reichspolitik mitmischte und daher auch viel umherreiste. Im Reichsdienst hatte er viele Ausgaben gehabt, die er nicht erstattet bekam, sodass er davon einige Schulden hinterließ. Dennoch war seine Regierungszeit auch durch rege Bautätigkeit zum Beispiel an der Pfarrkirche und an Kapellen gekennzeichnet. Von 1508 bis zu seinem Tod ließ Adolf III. auch die Stadtmauer Wiesbadens erweitern, die davor nur den Burgbezirk geschützt hatte.[2] Der Burgbezirk lag auf dem heutigen Schlossplatz mit Altem und Neuem Rathaus sowie dem Stadtschloss. Adolf III. führte die Stadtmauer weiter, an der heutigen Mauergasse zur heutigen Kleinen Schwalbacher Straße bis zur Heidenmauer heran, sodass nun auch die damalige Vorstadt, die später „Flecken" genannt wurde, ummauert war: Hier standen die Pfarrkirche St. Mauritius samt Kirchhof und viele landwirtschaftliche Höfe. Diese waren meistens nach ihrem Besitzer benannt, vor allem nach Klöstern und Adeligen. So gab es in Wiesbaden den Eberbacher Hof, den Tiefenthaler Hof, den Lindauer Hof, den Grorother Hof und andere mehr. Teilweise waren sie im 16. Jahrhundert im Besitz von Wiesbadener Bürgern, viele waren verpachtet.

Der neben dem „Flecken" und der Burg dritte Bereich Wiesbadens, das Sauerland, blieb unbefestigt. Das ist der Teil, in dem die Quellen zutage traten und treten. Aus ihnen speisten sich Weiher, die die Stadt vor den Mauern zusätzlich schützten. Die Weiher, Wasserläufe und Dämme mussten natürlich instand gehalten werden, was offenbar recht aufwendig war. Die Einwohner Wiesbadens, aber auch Dotzheimer, Mosbacher und Biebricher, Erbenheimer, Schiersteiner und später zusätzlich Biebricher Bürger waren dazu verpflichtet, hier unentgeltlich Dienst zu tun – eine Wiesbadener Spezialität unter den vielen Frondiensten des Mittelalters.[3]

In der Stadt lebten schätzungsweise 1.000 bis 1.100 Menschen. Das sind mehr als in Idstein oder Usingen zur gleichen Zeit, aber sehr viel weniger als in Frankfurt (12.000 Einwohner) oder Mainz (7.000 Einwohner). Schon damals war eine Wiesbadener Besonderheit der Badebetrieb, der viele Gäste anzog.

VERGESSENE HANDWERKSBERUFE IM MITTELALTERLICHEN WIESBADEN

Manche Handwerksberufe des Mittelalters kennen heute nur noch Spezialisten. Viele der damaligen Tätigkeiten wurden mit der Zeit überflüssig, und andere Berufe waren so spezialisiert, dass sie heute nur eine von mehreren Anforderungen eines Gewerkes wären. Kleuber verspannten, füllten und verputzten die leeren Felder im Fachwerkbau. Strohschneider lieferten Stroh für den Hausbau. Kessler schmiedeten Kessel. Löher nannte man hier die Lohgerber, die Tierfelle mit Eichenrinde zu Leder gerbten. Kistner/Kastner waren auf die Anfertigung von Kisten und Kästen spezialisierte Schreiner. Plattner stellten Harnische her, Sporer produzierten Sporen – aber um diese zu kaufen, mussten die Wiesbadener nach Mainz. Plattner und Sporer hatte Wiesbaden keine. Renkhoff, Otto: Wiesbaden im Mittelalter. Wiesbaden, 1980.

Landwirtschaft im Mittelalter. Darstellung des Monats Oktober in einem flämischen Stundenbuch, um 1550. Heute im Victoria and Albert Museum, London.

Der Großteil der Bevölkerung betrieb Landwirtschaft. Nicht nur die Bauern, sondern die meisten Familien bewirtschafteten ein größeres oder kleineres Stück Land. Viele verschiedene Handwerksberufe sind in Rechnungen und Urkunden für das Wiesbaden des 15. und 16. Jahrhunderts belegt, unter anderem Bäcker, Weiß- und Fladenbäcker, Metzger, Schreiner, Maurer, Ofenmacher, Steinbrecher, Dachdecker (Stroh-/Ziegeldecker), Strohschneider, Schmiede und Kannengießer.[4] Besonders bedeutend waren die Lohgerber, die Häfner und die Wollweber in Wiesbaden.

Die Vertretung der Bürger waren Schöffen, Geschworene, Bürgermeister und/oder Schultheißen. In den Quellen begegnen uns mehrere, teils wechselnde Bezeichnungen; manchmal wird auch vom „Rat" der Stadt gesprochen.[5] Im Laufe der Zeit scheinen Rat und Schöffen zum leitenden Organ geworden zu sein, während die Schultheißen und Bürgermeister die Verwaltung übernahmen.

Dazu gehörte auch die Aufsicht über zahlreiche kleine, heute vergessene Dienste, die größtenteils „im Nebenberuf" ausgeübt wurden, aber mit denen ein paar Wiesbadener etwas dazuverdienen konnten: zwei „Weiherknechte" zum Beispiel betreuten die Wiesbadener Gräben und Weiher und ein „Sälzer" maß und besteuerte das zum Verkauf angebotene Salz. Zahlreiche „Beseher" kontrollierten insbesondere die Lebensmittel.

Blick durchs Mittelalter. Sonnenberg.

Gegen Ende seiner Regierungszeit, 1510, ließ Graf Adolf III. im Turm der Niederpforte (zwischen heutigem Neuen Rathaus und Mauergasse) ein neues Gefängnis einrichten und im Jahr darauf eine Folterkammer. Wiesbaden hatte keinen eigenen Scharfrichter. Waren Folterungen oder Hinrichtungen anberaumt, wurde der Mainzer Scharfrichter geholt – und entlohnt, weshalb man aus den Rechnungsbüchern weiß, wann er kam.[6]

Intensive Frömmigkeit

Wie waren die kirchlichen Verhältnisse damals? Wie sah das religiöse Leben aus? Kirchliches und religiöses Leben waren auch damals nicht ganz dasselbe. Die Kirche war die religiös beherrschende Institution. Vom Erzbischof bis zum Dorfpfarrer, von bedeutenden Klöstern wie Eberbach bis zu armen, durchziehenden Mönchen hatten die Menschen nahezu täglich mit Vertretern der Geistlichkeit zu tun. Geistliche waren bedeutende

Intensive Frömmigkeit. Manche Kunstwerke des 15. Jahrhunderts vermitteln uns auch heute noch intensive Gefühle. Maria mit dem toten Christus aus einer Beweinungsgruppe, Moissac, 1476. Farbig gefasste Steinskulptur.

Grundherren, sie hatten Ansprüche auf Dienste und Abgaben. Sie feierten die vielen Feste, die es vor der Reformation gab. Sie tauften, salbten, segneten und nahmen die Beichte ab. Das Kirchenjahr mit seinen Christ-, Marien- und Heiligenfesten strukturierte das Jahr. Die Kirche begleitete den Menschen „von der Wiege bis zur Bahre". Gerade für die Zeit vor der Reformation ist es aber charakteristisch, dass neben den Mönchen, Nonnen und Kirchenmännern auch die Laien das religiöse Leben in und außerhalb der kirchlichen Institutionen mitgestalteten. Immer mehr Laien spendeten für Kirchen und Altäre, stifteten, gaben Andachtsbilder in Auftrag, lasen geistliche Literatur oder widmeten sich in der Nachfolge Christi der Nächstenliebe und schlossen sich zu Bruderschaften zusammen. Wir betrachten im Folgenden das religiöse Leben in Wiesbaden näher, insbesondere auch die vielen religiös interessierten und engagierten Laien. Ohne sie hätte sich die Reformation nicht durchgesetzt.

Jüdische Nachbarn

Zwei nicht-christliche Religionen kannten die Menschen damals: Judentum und Islam. (abgesehen vom „Heidentum" und der Antike). Gegen das osmanische Heer kämpfte damals der Kaiser, und gegen die Juden vor Ort kämpften viele Menschen, und das immer wieder. Dazu wurde auch auf religiöse Motive zurückgegriffen: Die Juden seien „des Theuffels wergkzeugk undt der Christen feindt", zitiert Friedrich Otto aus den Wiesbadener Quellen.[7] In Wiesbaden, Sonnenberg, Schierstein und Kostheim, vielleicht auch schon in Delkenheim lebten in unserem Untersuchungszeitraum jüdische Familien.[8] Aus Kastel waren sie 1470 vertrieben worden. Juden besaßen keine Bürgerrechte, mussten aber Abgaben und für den landesherrlichen Schutz zahlen. Dementsprechend haben wir vor allem aus Schutzbriefen, Steuerlisten und im Zusammenhang mit Streitigkeiten und Ausweisungen Kenntnis von ihnen. Wie sie ihre Religion lebten, wissen wir nur in Ausnahmefällen. Wolfgang Fritzsche berichtet von einer Betstube, die ein gewisser Jude Josef 1573 im Badhaus Zum Helm einrichtete, wo er auch wohnte.[9] Da Judenfeindlichkeit immer wieder offen zutage trat (Ausweisungen aus dem Erzstift Mainz 1507 und Ausweisungen aus Hessen 1518 und 1521) und ihnen eine öffentliche Ausübung der Religion (zum Beispiel in Prozessionen) sowieso versagt war, wird die jüdische Religion wenig sichtbar gewesen sein. Für die Zeit des Bauernkrieges sind aus Wiesbaden und Umgebung keine Ausschreitungen gegen Juden bekannt.

Bildstöcke und Feldkreuze

Auf den Wegen durch Wiesbaden und Umgebung kam man im Jahr 1517 an vielen Feld-kreuzen, kleinen Kapellchen und Bildstöcken vorbei, die am Wegesrand oder in der Flur standen.[10] Sie sind aus Urkunden eher zufällig bezeugt, meistens zur genaueren Orts-bestimmung in einem Erbfall oder Rechtsstreit. Eine kleine Kapelle für die Muttergot-tes war noch 1515 am Hayngarten (heute Hengert) errichtet worden. Einen Bildstock für den Hl. Antonius (St. Dönges) muss es in der Nähe der Wiesbadener Burg gege-ben haben und einen für St. Peter am Bach (wahrscheinlich im Sauerland). Die Lage des Bildstockes für den Hl. Christophorus (St. Christoffel) ist unbekannt. Auf der Stra-ße von Wiesbaden nach Dotzheim standen allein drei „Heiligenhäuser", wie sie in den Quellen manchmal genannt werden. Urkundlich belegt sind auch Bildstöcke am Leber-berg, auf dem Mosbacher Berg, oberhalb der Dietenmühle, in Erbenheim und Sonnen-berg. Aber da sie eben nur zufällig in erhaltenen Schriftstücken auftauchen, kann man davon ausgehen, dass es noch mehr gab. Wir können sie uns an vielen Stellen als kleine Andachtspunkte in der Landschaft vorstellen.

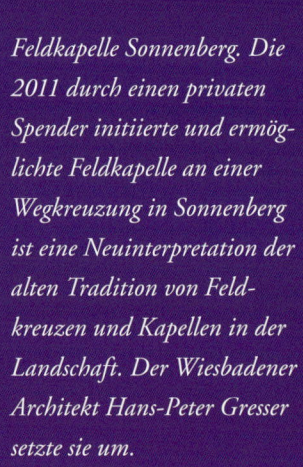

Feldkapelle Sonnenberg. Die 2011 durch einen privaten Spender initiierte und ermög-lichte Feldkapelle an einer Wegkreuzung in Sonnenberg ist eine Neuinterpretation der alten Tradition von Feld-kreuzen und Kapellen in der Landschaft. Der Wiesbadener Architekt Hans-Peter Gresser setzte sie um.

Die christliche Topografie der Stadt und ihrer Umgebung

Führt man sich das mittelalterliche Mainz, Köln oder andere Städte vor Augen, fällt die große Anzahl von Kirchen, Klöstern und Kapellen auf. Im verhältnismäßig kleinen Wiesbaden stand nur eine einzige Kirche und, ein gutes Stück von der Stadt entfernt, das Kloster Klarenthal. In Wiesbaden selbst gab es zu der Zeit, als die reformatorischen Lehren bekannt wurden, aber noch sechs Kapellen, in denen auch Messen gelesen und Gottesdienste gefeiert wurden. Zum Teil alte Kirchen und einige Kapellen standen in den Dörfern der Umgebung.

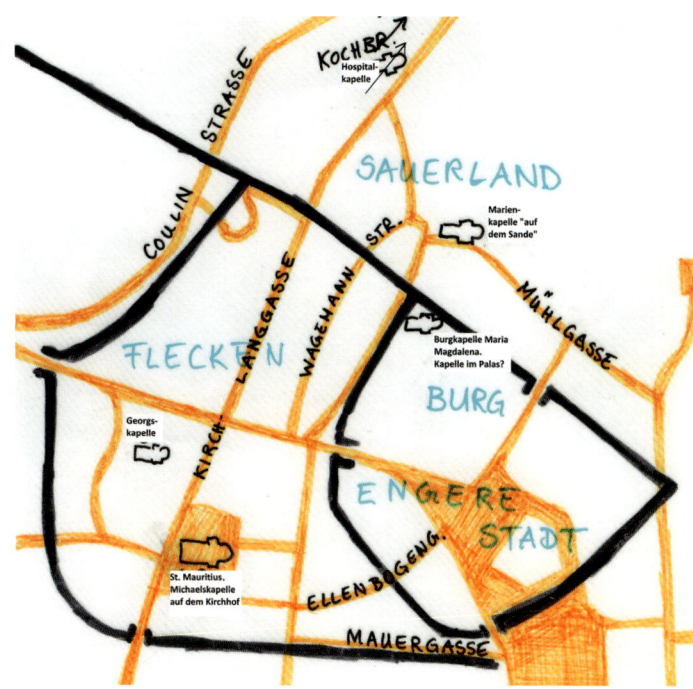

Das mittelalterliche Wiesbaden.

St. Mauritius, die Wiesbadener Pfarrkirche

Die Geschichte der Pfarrkirche St. Mauritius reicht in karolingische Zeit zurück, urkundlich belegt ist allerdings erst ein ottonischer Bau im Jahr 965. Die Patronatsrechte an dieser Kirche übereigneten 1215 Heinrich und Robert von Nassau dem Deutschen Orden samt dem großen und kleinen Zehnten sowie übrigen Einkünften. Aufgrund von Tauschaktionen innerhalb des Deutschen Ordens ging im 14. Jahrhundert ein Teil der Patronatsrechte auf das Kloster Tiefenthal über. 1465 und 1507 aber brachten die Nassau-Idsteiner wieder alle Rechte an St. Mauritius an sich. Zur Reformationszeit stand an der Stelle der beiden Vorgängerbauten ein einschiffiges Kirchenschiff aus der ersten Hälfte des 14. Jahrhunderts, das mit einem neuen Chor verbunden worden war und einen neuen Turm hatte. Der in den 1480er Jahren geplante Neubau war aus Geldmangel nicht ganz zur Ausführung gekommen, weshalb man das alte Kirchenschiff behalten und mit dem neuen Chor verbunden hatte, der allerdings nun nicht mittig zum Schiff lag. Von der Ausstattung der Kirche ist kaum etwas erhalten. Nach älteren Aufzeichnungen kennt man einige Grabplatten, unter anderem die Grabplatte und das Epitaph von Adolf III. Wie der Hauptaltar ausgesehen hat, weiß man nicht mehr, ebenso wenig wie die Nebenaltäre. Wahrscheinlich waren es sieben Nebenaltäre, an denen ebenfalls Messen gelesen wurden. Davon waren je einer der Gottesmutter Maria, dem Hl. Sebastian, dem Hl. Nikolaus, der Hl. Katharina und

Grundriss von St. Mauritius, Bronzeintarsie auf dem Mauritiusplatz in Wiesbaden.

der Hl. Anna geweiht. Die beiden anderen könnten dem Hl. Urban und Jakobus d. Ä. geweiht gewesen sein, denn es sind eine Urbansbrüderschaft und eine Jakobsbruderschaft für Wiesbaden belegt.

Nicht nur für die Kirche selbst und Baumaßnahmen an ihr, sondern auch für jeden Altar konnten die Gläubigen spenden. Oft wurden Messen gestiftet, meist zum Gedenken an den Stifter oder die Stifterin und deren Verwandte. So stiftete zum Beispiel ein Amtmann aus Idstein, Heinrich Kornigel von Trohe, eine Frühmesse am Marienaltar, für die der jeweilige Altarist Einkünfte aus Dotzheim und Bierstadt beziehen durfte.[11]

DER DEUTSCHE ORDEN (1190/98 – HEUTE). EIN BIG PLAYER DES MITTELALTERS IN WIESBADEN

Gegründet 1190 im Heiligen Land, wurde der Deutsche Orden einer der beliebtesten Orden in Mittel- und Nordosteuropa. Schenkungen und Beitritte machten ihn zeitweise zur wichtigsten Macht im Ostseeraum. Auch im Wiesbadener Raum spielte er eine große Rolle. Balthasar von Nassau-Wiesbaden-Idstein war Deutschordensritter gewesen, bevor er Graf wurde.

Der Orden entstand 1190 während des dritten Kreuzzuges als Hospitalbruderschaft und wurde 1198 in einen geistlichen Ritterorden umgewandelt. Zunächst diente er der Krankenpflege auf den Kreuzzügen. Später verlegte er seine Aktivitäten in andere Kriegsgebiete und in die heimatlichen Territorien der ihm angehörenden Ritter. Der Deutsche Orden unterstand seit 1221 nicht mehr den ortsansässigen Bischöfen, er war papstunmittelbar. Schenkungen machten ihn reich, er verfügte vor allem über viel Landbesitz. In Marburg pflegte er das Grab der Hl. Elisabeth von Thüringen. Seine heutige rechtliche Struktur erhielt der Deutsche Orden 1927.

Für Wiesbaden und Umgebung nennen die Archivalien verschiedene Kommenden (= Ordensniederlassungen) des Deutschen Ordens, insbesondere die Kommenden Frankfurt und Koblenz. Weitere wichtige Niederlassungen waren Mergentheim und Marburg. Verwaltet wurde jede Kommende von einem „Komtur". Mehrere Kommenden bildeten eine Ordensprovinz, die im Deutschen Orden „Ballei" hieß, und von diesen gab es wiederum mehrere, rechtlich unterschiedlich gestellte Konstrukte. Einige dieser Balleien waren unter dem „Deutschmeister" zusammengefasst. An der Spitze des gesamten Ordens stand der „Hochmeister".

Dem damals noch jungen Orden schenkte Graf Heinrich von Nassau schon 1215 die Wiesbadener Kirche. Der Erzbischof von Mainz stimmte dem Patronatsherrenwechsel 1218 schriftlich zu. Damit ging St. Mauritius an die Kommende Koblenz, der damals schon die Wiesbadener Marienkapelle gehörte und etwas Land, das sie dem Kloster Gottesthal abgekauft hatte. 1230 schenkte Graf Heinrich dem Orden unter anderem Dotzheim. Wenig später, 1237, stiftete die Edle Jutta von Dorndorf dem Kloster Tiefenthal mehrere Güter. Der Hochmeister Herrmann von Salza tauschte nun bestehende Deutschordensgüter mit ihr, damit das Kloster Tiefenthal in den Besitz von möglichst nahe gelegenen Gütern kam, weshalb die Rechte an St. Mauritius zur Hälfte auf das Kloster Tiefenthal übertragen wurden.

Aus der folgenden Zeit sind zahlreiche weitere Schenkungen an den Orden belegt oder können aus anderen Akten erschlossen werden. So hatte der Deutsche Orden schließlich Besitz in oder Rechte an Land und Gütern in Wiesbaden, Biebrich, Mosbach, Delkenheim, Erbenheim und Nordenstadt, in Kastel und Kostheim, in Dotzheim und Schierstein. Gehörte dem Orden Land, musste der Orden teilweise wiederum Abgaben an den Landesherrn zahlen. Und wollte der Landesherr dem Orden etwas spenden, konnte er zum Beispiel Deutschordensgüter von Abgabenpflichten befreien – oder auch einfach Geschäfte mit ihm machen. Graf Adolf I. von Nas-

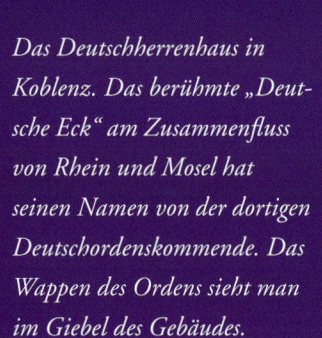

Das Deutschherrenhaus in Koblenz. Das berühmte „Deutsche Eck" am Zusammenfluss von Rhein und Mosel hat seinen Namen von der dortigen Deutschordenskommende. Das Wappen des Ordens sieht man im Giebel des Gebäudes.

sau beispielsweise befreite die Schiersteiner Besitzungen der Kommende Frankfurt 1367 von allen Abgaben und Lasten gegen die einmalige Zahlung von 500 Gulden.

Mit der Reformation gerieten die Mönchs- und Nonnenorden in die Kritik. 1524 wandte sich Martin Luther in einer Abhandlung an die Deutschordensritter und empfahl ihnen, die bisherige „falsche Keuschheit" (der Ehelosigkeit) zu meiden und zur „rechten ehelichen Keuschheit zu greifen". Hochmeister Albrecht (1490–1568) trat 1525 tatsächlich zum neuen Glauben über und säkularisierte den Ordensstaat Preußen. (Für diesen Schritt erwirkte der Deutschmeister Walter XI. von Kronberg, dem seit 1528 die Verwaltung des Hochmeisteramtes oblag, 1532 die Verhängung der Reichsacht über Albrecht. Diese wurde noch im selben Jahr wieder aufgehoben, weil der Kaiser auf die militärische Unterstützung auch Albrechts gegen das Osmanische Reich angewiesen war. Aus dem säkularisierten Deutschordensbesitz wurde das Herzogtum Preußen.) Die Kommenden, die in Wiesbaden und Umgebung Besitz hatten, bestanden jedoch noch fort: Im mehrheitlich evangelisch gewordenen Frankfurt starb die Gemeinschaft erst gegen Ende des 16. Jahrhunderts gewissermaßen aus, und die Kommende in Koblenz hatte bis zur Säkularisierung im Zuge der Französischen Revolution Bestand.

Balthasar (1520–1568), der dritte Sohn von Philipp dem Altherrn und Adriana von Bergen, war 1535 dem Deutschen Orden beigetreten. 1566 starb Graf Philipp, der ältere Bruder Balthasars. Der nächst ältere Sohn, Adolf IV., war bereits zehn Jahre früher verstorben, sodass die Regentschaft auf Balthasar übergehen sollte. Er bat darum, von seinem Ordensgelübde entbunden zu werden und wurde dann Graf.

Literatur:
• Lampe, Karl H.: Beiträge zur Geschichte des Deutschordensbesitzes in Nassau, besonders im Mittelalter. In: Nassauische Annalen 81, 1971, S. 1–68.
• Struck, Wolf-Heino: Staat und Stadt in der älteren Geschichte Wiesbadens. In: Hessisches Jahrbuch für Landesgeschichte 14, 1964, S. 22–66.
• Weiß, Dieter J.: Deutscher Orden. In: Schindling, Anton und Walter Ziegler (Hg.): Die Territorien des Reichs im Zeitalter der Reformation und Konfessionalisierung. Land und Konfession 1500–1650. Band 6, Münster, 1996, S. 224–248.

Kapellen in Wiesbaden

In der Pfarrkirche wurden die Kirchenbücher geführt und die Kirchenmitglieder gewissermaßen gezählt. Grundsätzlich musste man für Taufen und Trauungen in die Pfarrkirche, deren Pfarrer auch Präsenzgelder in Abhängigkeit von der Anzahl der Kirchenbesucher erhielten. Viele Gläubige fühlten sich jedoch auch den Kapellen sehr verbunden.

Die Michaelskapelle

Michael im Kampf mit dem Drachen. Albrecht Dürer, Holzschnitt, um 1500.

Wie allgemein üblich, wurden die Toten auf dem Kirchhof rund um die Kirche bestattet. Der Wiesbadener Kirchhof war mit einer Mauer abgegrenzt. Fanden sich bei Beerdigungen noch erhaltene Knochen im Erdreich, wurden sie ins Wiesbadener Beinhaus der Michaelskapelle auf dem Kirchhofgelände gebracht. Der Erzengel Michael ist ein im Buch Daniel namentlich genannter Engel, der in der Offenbarung des Johannes zum Bezwinger Satans wird. Nach der Schlacht auf dem Lechfeld (955) stellte sich das Heilige Römische Reich unter seinen speziellen Schutz, zahlreiche Kirchen und Klöster sind ihm geweiht. Dass ihm auch oft Friedhofskapellen geweiht wurden, ergab sich aus seiner Funktion beim Jüngsten Gericht: Dort hat er die Verzeichnisse der guten und schlechten Taten in seiner Obhut und begleitet die Seelen. Es bot sich also an, ihm die Toten noch einmal besonders ans Herz zu legen. Über die Wiesbadener Michaelskapelle weiß man, dass sie einen Keller oder ein Unterhaus hatte, das als Beinhaus diente. Sie ist seit 1330 bezeugt, als eine gewisse Bilhildis, Witwe des Ritters Dietrich Hut von Sonnenberg, dem Michaelsaltar Land in Sonnenberg und Erbenheim vermachte.[12]

Die Hospitalkapelle

Nicht nur der Friedhof, auch das Hospital hatte eine eigene Kapelle.[13] Kranken- und Altenpflege waren damals einerseits mehr und andererseits weniger als das, was man heute darunter versteht. Die Sorge für das leibliche Wohl erschöpfte sich in der Regel auf Unterkunft und Verköstigung für die Bedürftigen. In Wiesbaden konnten sie außerdem das Hospitalbad nutzen, das seit der Gründung des Hospitals 1353 dazugehörte. Dazu kam aber die Sorge um das geistliche Wohl, und vielleicht war diese den Zeitgenossen sogar wichtiger. In der der Gottesmutter geweihten hauseigenen Kapelle konnten sie der Messe beiwohnen. Auch sie ist wahrscheinlich seit Baubeginn Teil des Hospitals und unterstand zunächst dem für die Krankenpflege gegründeten Deutschen Orden. Seit

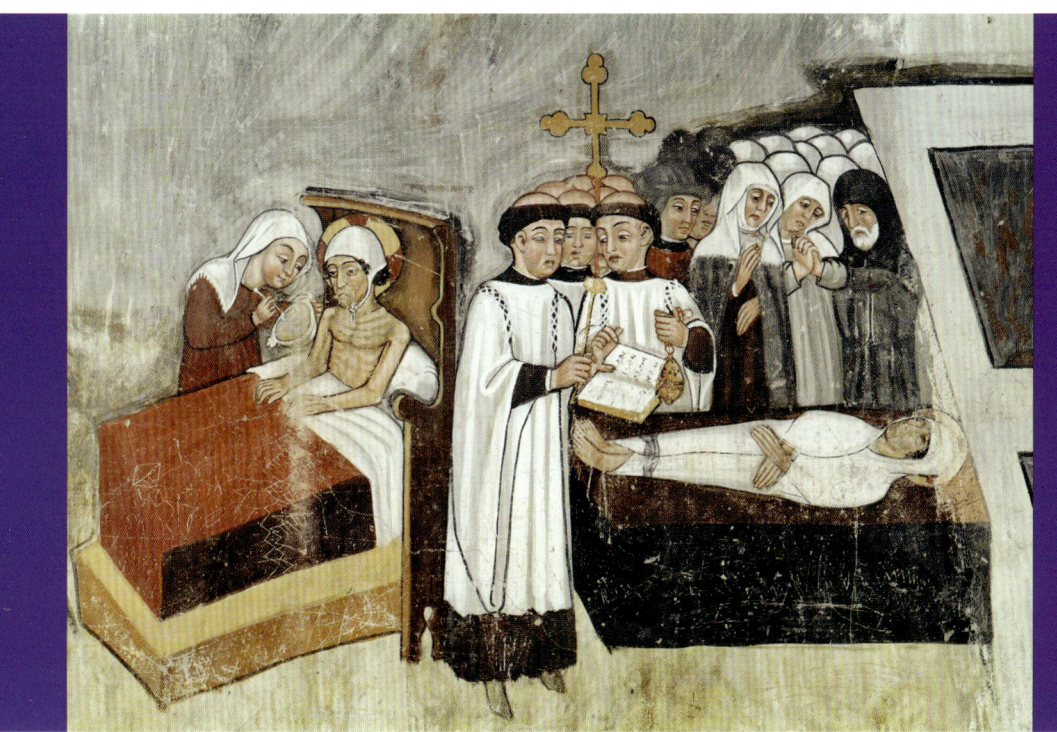

1504 jedoch lag das Recht, den dort diensttuenden Altaristen vorzuschlagen, bei Graf Adolf III. Die Bezüge des Altaristen (jährlich 9 Malter Korn; 1 Malter Korn entspricht ca. 85 kg) kamen nach wie vor vom Kloster Tiefenthal.

Die Marienkapelle „auf dem Sande"

Wo heute die Mühlgasse in die Häfnergasse mündet, befand sich zu Beginn des 16. Jahrhunderts eine Marienkapelle, die aufgrund des dort verlaufenden sandigen Baches manchmal „auf dem Sande" oder „auf dem Bache" genannt wurde.[14] Sie ist seit 1215/20 bezeugt, als sie der Deutsche Orden samt einem neu errichteten Wohnhaus und etwas Land dem Kloster Gottesthal (Oestrich) abgekauft hatte. Später verwendete es der Orden zur Ausstattung des neu gegründeten Klosters Tiefenthal. Das Kloster Tiefenthal sollte im Gegenzug die Kapelle unterhalten und für die Messen dort sorgen, was es aber, wie einige Akten zeigen, oft versäumte: Mal fehlte der Priester, mal kam Tiefenthal dem baulichen Erhalt nicht nach. So kam es, dass Margarethe von Hanau (1463–1504), Ehefrau von Graf Adolf III., sie ab den 1480ern auf eigene Kosten wieder aufbauen ließ. Die Ausstattung war nicht so schnell vollendet wie der Bau. Das zeigt eine Ermahnung

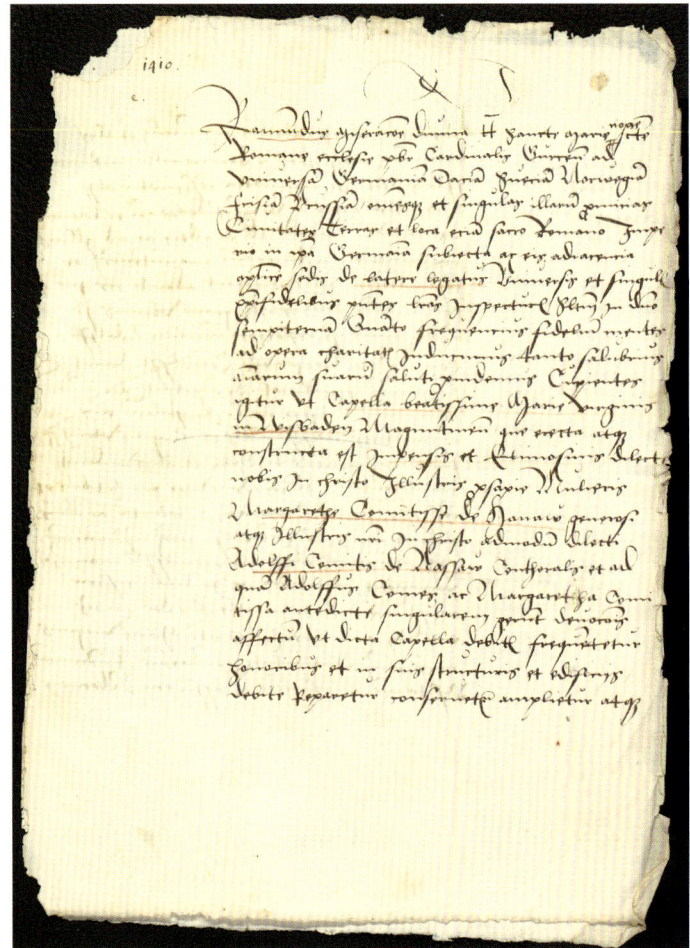

des päpstlichen Legaten Kardinal Raimund von Gurk von 1502 an die Einwohner Wiesbadens. Eine Abschrift davon bewahrt das Hessische Hauptstaatsarchiv Wiesbaden auf, in der allen Förderern der *„Capella beatisime Marie virginis in Wißbaden"* (der Kapelle der seligsten Jungfrau Maria in Wiesbaden) eine besondere Gunst gewährt wird: Wer hier helfe, dürfe in der Fastenzeit Milchprodukte genießen.[15]

Kapellen im Wiesbadener Burgbezirk

Eine weitere alte Kapelle in Wiesbaden war eine Annenkapelle im Palas der Burg.[16] Wahrscheinlich ist sie im 13. Jahrhundert mit dem Palas erbaut worden und war vom Saal aus zugänglich, worauf der Zusatz „auf/vor dem Saal" in den erhaltenen Schriftstücken schließen lässt. Sie könnte ein zum Saal hin offener Erker gewesen sein. 1477 wurde eine zusätzliche Burgkapelle errichtet und der Hl. Maria Magdalena geweiht. Margarethe von Hanau unterstützte neben der Marienkapelle auf dem Sande auch diese Kapelle: 1490 setzten sie und ihr Mann, Graf Adolf III., 20 Goldgulden aus, für die ein Kaplan vier Wochenmessen lesen sollte. Es sind diese Wochenmessen, die zu dem bemerkenswerten Eintrag in die Kellereirechnung von 1524 führten, auf den wir im ersten Kapitel hingewiesen haben: „wär auch besser darum gepredigt das Evangelium".[17] Die älteste Tochter des Grafen spendete ebenfalls für den weiteren Ausbau der Kapelle, die in den folgenden Jahren unter anderem ein Turmkreuz erhielt und einen neuen Altar.

Die Georgskapelle

Die Georgskapelle in Wiesbaden ist wohl in der Mitte des 14. Jahrhunderts errichtet worden.[18] Sie stand in etwa zwischen der heutigen Mauritius-Mediathek und dem heutigen Mauritiusplatz. Man weiß aus Urkunden, dass Graf Adolf I. (1307–1370) und seine Frau Margarethe für den Bau spendeten, man kennt einige ihrer Kapläne und deren Bezüge, viel mehr aber nicht. Ein paar Worte seien aber zu dem Heiligen angefügt, dem sie geweiht war, dem Hl. Georg. Dieser frühchristliche Märtyrer wurde das gesamte Mittelalter hindurch besonders verehrt. Georg wurde als mutiger Ritter (meist in jeweils zeitgenössischer, prachtvoller Rüstung) dargestellt. Vor allem die Geschichte von seinem Kampf gegen den Drachen war weitverbreitet. Viele Ritter, Ritterorden, ganze Städte und Länder stellten sich unter seinen Schutz. Wie bei der Hl. Anna übertreffen die Legenden um den Hl. Georg die historische Überlieferung bei Weitem. Beide waren jedoch im Mittelalter (die Annenverehrung erreichte ihren Höhepunkt erst gegen Ende des 15. Jahrhunderts) besonders beliebte Heilige, weil sie beide zu Vorbildern für mittelalterliche Lebensentwürfe stilisiert wurden. Vielleicht wollte sich auch Graf Adolf I. ganz besonders diesem ritterlichen Vorbild anempfehlen. Leider ist darüber nichts bekannt.

Weiten wir nun unsere imaginären Spaziergänge auf die Dörfer aus, die heute Ortsteile von Wiesbaden sind. Das heutige Klarenthal bestand aus dem gleichnamigen Kloster (s. Kasten „Kloster Klarenthal"). Bierstadt, Biebrich, Breckenheim, Dotzheim, Erbenheim, Igstadt, Kastel, Kloppenheim, Medenbach, Naurod, Nordenstadt und Schierstein waren selbstständige Pfarreien. Frauenstein, Ram-

Der Hl. Georg. Darstellung in einem Stundenbuch, wahrscheinlich für die Familie De Grey hergestellt, ca. 1390. Heute in der Nationalbibliothek von Wales.

bach und Sonnenberg hatten Kapellen, ihre Einwohner gehörten zu den Pfarrsprengeln der Umgebung. Auringen und Heßloch waren nach Kloppenheim eingepfarrt, über mittelalterliche Kapellen dort ist nichts bekannt.[19]

Bierstadt: die älteste erhaltene Kirche auf Wiesbadener Stadtgebiet

In Bierstadt steht die älteste erhaltene Kirche Wiesbadens.[20] Die zugehörigen Patronats- und Zehntrechte waren zu Luthers Zeiten auf besonders viele Herrschaften verteilt, auch die Gerichtsbarkeit in Bierstadt wurde je nach Ebene von verschiedenen Herren ausgeübt. Unumstrittene Landesherren wurden die Nassauer Grafen erst zur Reformationszeit. Die Pfarrkirche blieb allerdings noch in geistlichem Besitz: 1540 wechselten die meisten Rechte an der Pfarrkirche vom Mainzer Domkapitel zum Stift Bleidenstadt, das die Pfarrbesetzung noch bis Ende des 17. Jahrhunderts regelte. Damals war die Kirche möglicherweise dem Hl. Nikolaus geweiht und stand schon fast 500 Jahre. In der zweiten Hälfte des 11. Jahrhunderts war sie unter Verwendung älterer Fragmente aus dem Vorgängerbau errichtet worden. Der Türsturz am heute geschlossenen Südeingang zeigt karolingische Verzierungen. Im 14. Jahrhundert wurden im Chor neue Maßwerkfenster eingebaut und der Chor ausgemalt. Um 1510 erhielt die Kir-

Evangelische Kirche Bierstadt, Blick zum Chor. Über dem Altar sind Flügel und Predella eines älteren Altares neu zusammengesetzt worden. Er wurde wahrscheinlich um 1510 von Martin Caldenbach für die Bierstadter Kirche geschaffen. Im geöffneten Zustand zeigt er im Mittelteil die Geburt Christi und die Anbetung der Könige, auf den Seitenteilen die Beschneidung Christi und den bethlehemitischen Kindermord. Die Predella unter den Tafeln zeigt Christus mit den 12 Aposteln als Halbfiguren. In den Laibungen der Chorfenster sind Malereien des 14. Jahrhunderts zu erkennen: Sie zeigen Kain und Abel sowie Heilige.

che einen neuen Flügelaltar.[21] Drei Heiligenfiguren, die Predella und acht Tafeln sind davon heute noch erhalten und in der Kirche zu sehen. Bei der letzten Restaurierung 2011 wurden die Predella und die Tafeln neu zusammengesetzt und über dem Altar angebracht, die Heiligenfiguren sind an den Wänden der Kirche aufgestellt. Geschaffen wurde der Altar wahrscheinlich in der Werkstatt des Frankfurter Künstlers Martin Caldenbach (1480 – 1518?), einem Schüler Dürers, von dem zahlreiche andere Tafelbilder bekannt sind.

Zur Pfarrei Bierstadt gehörten Rambach und ein Teil von Sonnenberg. Über die mittelalterliche Kapelle in Rambach ist wenig bekannt. Offenbar gab es vormals zwei getrennte Ortsteile. Oberrambach und die Kapelle hat ein Brand im Jahr 1546 zerstört. Die Kapelle war von einem Totenhof umgeben.[22]

Evangelische Kirche Bierstadt, Madonna von 1510. Wahrscheinlich gehörte die Madonna mit Kind zum Flügelaltar, der um 1510 für die Kirche geschaffen wurde.

Rambach, die evangelische Kirche von 1892 im Tal oberhalb von Sonnenberg.

Sonnenberg: Burgkapelle, Liebfrauenkapelle, Kreuzkapelle – und ein Kreuzweg?

Die Sonnenberger Bevölkerung war teils dem Pfarrsprengel Bierstadt zugeordnet, teils dem Pfarrsprengel Wiesbaden.[23] Die Gläubigen konnten zusätzlich eine der drei Kapellen in Sonnenberg besuchen – wobei die Kapelle in der Burg wahrscheinlich den Burgmannen und ihren Familien sowie den Familien der Grafen vorbehalten war. Diese Kapelle wurde nachträglich in einem der Türme in der äußeren Mauer eingerichtet, der Turm heißt seitdem „Kapellenturm". Die Kapelle bestand spätestens 1384, denn damals stiftete Graf Ruprecht (1340–1390) dort einen Katharinenaltar, eine wöchentliche Seelenmesse für sich, seine Frau Anna und beide Elternpaare. Zum Unterhalt der Seelenmesse bestimmte er jährlich 16 Malter Korn aus seinen Einnahmen aus Kloppenheim. Möglicherweise war diese Kapelle eine Annenkapelle, das ist aber nicht sicher.

Mehr weiß man über die Liebfrauenkapelle „im Tal", also außerhalb der Burgmauern. Sie wurde 1492 von Werner Hut von Sonnenberg erbaut und reichlich mit Ländereien versehen. Werner Hut von Sonnenberg hatte viel Land kaufen können und war zu einem bedeutenden Grundherrn in Sonnenberg geworden. Der Kirche vermachte er Land, aber auch Zehnteinnahmen, und ließ das in Bierstadt, das pfarrrechtlich zuständig war, bezeugen. 1991–1993 konnte man einige Mauerreste der Liebfrauenkapelle bei Ausschachtungsarbeiten untersuchen und kennt seitdem die Breite der Kapelle: Das Schiff maß 7,5 m in der Breite, die lichte Breite des Chores lag bei 3,8 m.[24]

Abendmahlsgerät aus Sonnenberg: Kelch und Patene. Auf dem Fuß des Kelches ist das Wappen derer von Sporkenburg zu sehen. Heute im Stadtmuseum Wiesbaden.

Außerdem gab es noch eine Heiligkreuzkapelle in Sonnenberg: Ruinenreste sind auf dem 1552/53 angelegten Friedhof immer noch sichtbar. Sie legen eine romanische und eine gotische Bauphase nahe. Der erste Bau könnte eine Initiative von Kloster Bleidenstadt gewesen sein. Eine Quelle aus protestantischer Zeit spricht von einer „Walfahret", die einst die Kreuzkapelle zum Ziel hatte: „dieweil die von Kloppenheim in die Kreutzkirchen (dahin vor Zeiten ein Walfahret gewesen) gangen."[25] Walter Czysz vermutet aufgrund weiterer Berichte, dass ein Kreuzweg vom Tal zur Kapelle hinaufgeführt haben könnte. Er schlängelte sich in Kehren nach oben und weist damit Ähnlichkeiten zu anderen Kreuzwegen auf.

Dotzheim: eine Pfarrkirche am Standort der heutigen evangelischen Kirche

Die Endung des Ortsnamens Dotzheim weist auf eine fränkische Besiedlung ab dem 5. nachchristlichen Jahrhundert hin, auch wenn hier noch wesentlich ältere Artefakte gefunden wurden.[26] Graf Rudolf von Nassau vermachte um 1100 dem Mainzer Domkapitel Land in Dotzheim, und die erste erhaltene Urkunde, in der Dotzheim erwähnt ist, datiert aus dem Jahr 1128. Damals schenkte der Mainzer Erzbischof den Mainzer Domherren Einkünfte aus Dotzheimer Besitzungen des Erzstiftes. Die Patronats- und

Ortswappen von Dotzheim. Das Ortswappen kann als Antoniuskreuz gelesen werden. Dann könnte die mittelalterliche Kirche dem Hl. Antonius geweiht gewesen sein.

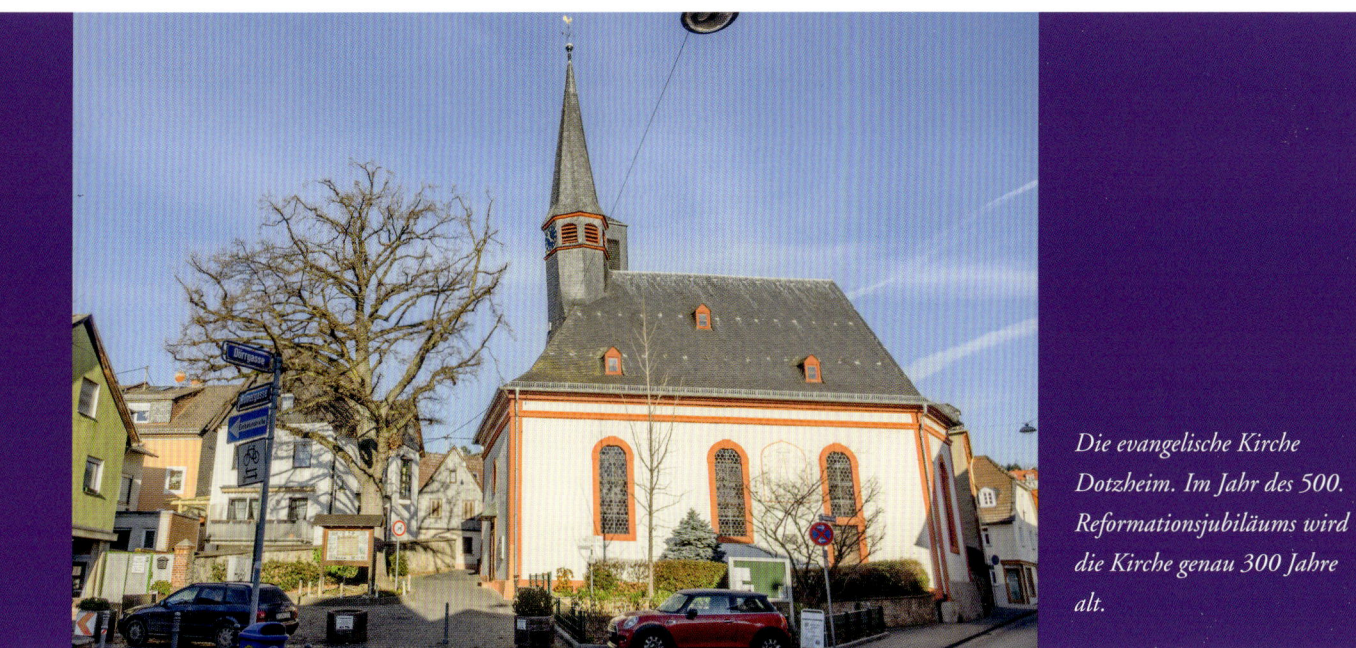

Die evangelische Kirche Dotzheim. Im Jahr des 500. Reformationsjubiläums wird die Kirche genau 300 Jahre alt.

Zehntrechte an der Pfarrkirche lagen seit 1402 vollständig beim Mainzer Kloster St. Alban. Mönche oder Weltpriester sollten die Gottesdienste in der Dotzheimer Pfarrkirche ausführen. 1419 wurde St. Alban in ein weltliches Stift umgewandelt, betreute die Pfarrkirche Dotzheim aber weiter. Über die damalige Pfarrkirche ist nichts bekannt, nicht einmal das Patrozinium. Das Ortswappen könnte ein Antoniuskreuz zeigen – das wäre ein Hinweis auf ein vermutliches Patrozinium. Es geht auf ein Gerichtssiegel aus dem Jahr 1636 zurück, aber seine Bedeutung ist nicht sicher. Um 1700 war die Kirche so baufällig geworden, dass sie abgerissen und durch einen Neubau ersetzt wurde.

Schierstein: auf römischen Fundamenten

Schierstein heute.

Eine Schiersteiner Kirche ist schon im 9. Jahrhundert urkundlich belegt.[27] Die wahrscheinlich der Gottesmutter geweihte Kirche, die zur Reformationszeit stand, war im 13. Jahrhundert auf den Fundamenten eines römischen Wachturms erbaut worden. Über ihre verhältnismäßig reiche Ausstattung ist einiges bekannt, zum Beispiel über die Gräber derer von Groroth und derer von Langeln, und weniges erhalten, unter anderem eine Glocke aus der 1. Hälfte des 14. Jahrhunderts.[28] Eine Madonna, der zentrale Teil der Statuengruppe auf dem Hauptaltar, steht als „Schiersteiner Madonna" seit 1922 im Landesmuseum in Darmstadt. Neben dem Hauptaltar gab es im 16. Jahrhundert einen Heilig-Kreuz-Altar und noch zwei weitere Altäre.[29] Das Patronatsrecht über die Schiersteiner Pfarrkirche hatte das Kloster beziehungsweise Stift Bleidenstadt inne, welches zusätzlich einigen Landbesitz in Schierstein hatte. Vor allem wegen der Weinberge hatten viele Institutionen hier (wie in anderen Gemeinden der Region) Ländereien, die sie teilweise nicht selbst bewirtschafteten (oder ließen), sondern an die Bevölkerung verpachteten. Auch vom Kloster Bleidenstadt sind Pachtverträge erhalten. Diese regeln die Pflichten der Pächter sehr genau. So betrug der Pachtzins für 10 1/8 Morgen Weinberge, die in einem Vertrag 1507 an vier

Schiersteiner Familien verpachtet wurden, den dritten Teil von jedem Gewächs, „rotem und weißem". Die Pächter verpflichteten sich, pro halbem Morgen Land jährlich sieben „gute Karren Mist" auszulegen. Sie mussten außerdem bestimmte Arbeiten bis Bartholomäi (24. August) durchführen und durften keine anderen Arbeiten vorziehen.[30] Selbstverständlich hatte Stift Bleidenstadt zusätzlich die Zehntrechte in Schierstein inne. Außerdem stand dem Stift seit dem Mittelalter das Recht des „Vorschrotens" zu.[31] „Schröter" waren diejenigen, die die Fässer in die Keller und von den Kellern auf die Schiffe und retour brachten. Dies war eine gefährliche und anstrengende Arbeit. Wenn Stift Bleidenstadt von seinem Recht des Vorschrotens Gebrauch machen wollte, gab es ein Glockenzeichen. Daraufhin mussten die Schröter sofort alle anderen Arbeiten aufgeben und zum Stiftshof zum Schroten kommen. Immerhin bekamen sie dann pro transportiertem Fass ein halbes Viertel Wein als Lohn (das entspricht vier Litern). Die Schiersteiner Schröter hatten sich im Mittelalter zu einer Bruderschaft zusammengeschlossen. Am Mittwoch nach Simonis und Juda (deren Gedenktag der 28. Oktober ist) ließen sie sich jedes Jahr in der Pfarrkirche eine eigene Messe lesen. Und wahrscheinlich aßen und tranken sie anschließend gemeinsam.

FERRUTIUS UND BLEIDENSTADT. EIN REGIONAL BEDEUTENDER HEILIGER, SEIN GRAB UND DAS FÜR WIESBADEN WICHTIGE KLOSTER/ STIFT (812–1802).

Die Gebeine des Hl. Ferrutius wurden im Kloster Bleidenstadt aufbewahrt. Zu Beginn des 9. Jahrhunderts gegründet, wurde es 1495 in ein Ritterstift umgewandelt. Es hatte zur Reformationszeit in einigen Dörfern rund um Wiesbaden beträchtlichen Besitz und konnte diese Rechte teilweise auch nach der Einführung der Reformation wahren.

An die Wand der Klosterkirche hatte der große Gelehrte, Abt von Kloster Fulda und Erzbischof von Mainz, Hrabanus Maurus (um 780–856), zwei Zeilen geschrieben, die 1615 abgeschrieben wurden, und in der Übersetzung lauten: „Vor Langem überführte Lullus, Bischof und Ruhm seiner Stadt, die Gebeine des heiligen Märtyrers Ferrutius hierher. Danach erweitern Richolf und Haistulf, Bischöfe auch jene,

das Gotteshaus und erbauen das Grabmal." Das sind die einzigen, im Original verlorenen Nachrichten über diesen Märtyrer, der im 3. Jahrhundert auf dem Friedhof vor dem römischen Brückenkopf Mainz-Kastel beerdigt worden sein soll. Glaubt man der Klostertradition, wurden seine Gebeine um 780 durch den Mainzer Erzbischof Lullus (754–786) in das neu gegründete Kloster Bleidenstadt transferiert, das der erste christliche Außenposten jenseits des Taunuskammes wurde. Erzbischof Richulf (786–813) hat der Tradition zufolge die Klosterkirche 812 geweiht und das Grab von Ferrutius zugänglich gemacht. Um 1000 könnte sich das Kloster auf Veranlassung von Erzbischof Willigis (975–1011) den Reformen von Gorze angeschlossen haben. In den Folgejahren zeichnete sich wirtschaftlicher Aufstieg ab. Das Kloster wuchs und profitierte vor allem im 14. Jahrhundert von der Unterstützung der Nassauer Grafenfamilie: Gerlach von Nassau war von 1346 bis 1371 Erzbischof von Mainz. Zu dieser Zeit, als Siegfried von Groroth Abt des Kloster (1357–1384) war, erlebte das Kloster seine beste Zeit. Dann wurde es nach und nach zur Versorgungsanstalt für nachgeborene Adelige und verlor an Bedeutung. Schon 1389 hatten außerdem zwei Brände das Kloster mittelbar und unmittelbar schwer getroffen: Durch Brandstiftung wurde einer seiner ertragreichsten Höfe vernichtet, und ebenfalls durch Brandstiftung brannten Schlafsaal und Bibliothek nieder, die Katharinenkapelle wurde beschädigt.

1495 wurde das Kloster in ein Ritterstift umgewandelt. Die Stiftsherren lebten zwar nach wie vor zusammen, beteten die Stundengebete und wohnten den Messen bei, legten aber kein Ordensgelübde ab.

Zur Reformationszeit waren dem Stift Bleidenstadt auf dem heutigen Wiesbadener Stadtgebiet die Kirchen in Schierstein und Kloppenheim inkorporiert, es hatte die Patronatsrechte an den dortigen Kirchen, sowie in Breckenheim, Frauenstein, Bierstadt und Naurod – und in zahlreichen anderen Pfarreien. Sein Landbesitz in Breckenheim zählte zu den wichtigsten Einnahmequellen des Klosters. Das Stift übte seine Rechte teilweise noch bis ins

Die Heiligen Ferrutius (rechts) und Nikolaus in der evangelischen Kirche Bierstadt. Ferrutius trägt als römischer Soldat eine Rüstung unter seinem Mantel. Um 1510, ehemals zu einem Flügelaltar gehörig.

18. Jahrhundert hinein aus: Es sorgte für die Stellenbesetzung der (evangelischen) Pfarreien und besoldete die Pfarrer aus seinen Einnahmen. 1802 wurde es säkularisiert. Da waren die Stiftsgeistlichen schon lange in Mainz. Im Dreißigjährigen Krieg, 1631, waren sie vor anrückenden Truppen in ihren Stiftshof in Mainz geflohen. Da sechs Jahre später fast alle ihre Gebäude (wie fast ganz Bleidenstadt) zerstört wurden, blieben sie in Mainz. Die Gebeine des Hl. Ferrutius hatten sie mitgenommen. Sie gingen in den Wirren der Napoleonischen Kriege verloren.

Literatur:

• Noll, Christof und Johannes Burkhard: Bleidenstadt. In: Jürgensmeier, Friedhelm, Franziskus Büll OSB und Regina Elisabeth Schwerdtfeger (Hg.): Die benediktinischen Mönchs- und Nonnenklöster in Hessen. Germania Benedictina VII. St. Ottilien, 2004, S. 73–90.
• Pfarrgemeinderatsausschuss 1200 Jahre St. Ferrutius der Katholischen Kirchengemeinde St. Ferrutius, Taunusstein-Bleidenstadt (Hg.): 1200 Jahre St. Ferrutius. Keimzelle des Glaubens und der Kultur 812–2012. Klingenberg, 2012.

Frauenstein: zwei Kapellen

Die Pfarrkirche von Schierstein war auch für die Einwohner Frauensteins zuständig. In Frauenstein müssen wir den baugeschichtlichen Überblick etwas erweitern, weil das mittelalterliche Frauenstein gewissermaßen eine in Stein gehauene Konfliktlinie des Mittelalters und der Reformationszeit darstellt: Die widerstreitenden Machtinteressen der verschiedenen Herren, hier der Grafen von Nassau und des Mainzer Erzstiftes, prägten den Ort. Die Burg Frauenstein und das Dorf hatte das Mainzer Erzstift im 14. Jahrhundert nach und nach erworben. Damit kamen sie dem Gebiet der Nassauer Grafen von der Rheingauer Seite immer näher. Die Grafen von Nassau errichteten darum bald darauf Wehrhöfe rings um das Dorf. Sie stehen bis auf einen heute immer noch (wenn auch nicht in der mittelalterlichen Form), und ihre Lage lässt immer noch erahnen, wie sie das kurmainzische Frauenstein einst begrenzten: die Höfe Groroth, Armada, Nürnberg, Rosenköppel und Sommerberg.

Zur Burg Frauenstein gehörte eine Georgskapelle (der Ritterheilige!), die wahrscheinlich schon vor oder um das Jahr 1300 errichtet worden war. Um 1540 wurde sie erweitert.

Blick zur Burgruine Frauen-stein.

Nach dem Dreißigjährigen Krieg erhielt sie zusätzlich das Patrozinium der Hl. Katharina, und seit 1954 schmiegt sich ein Neubau an sie.

Dieses zweite Patrozinium nun, das der Hl. Katharina, hat die ehemalige Burgkapelle Frauensteins von der anderen Kapelle in Frauenstein übernommen – und die stand auf dem von den Nassauern initiierten Vorgänger des heutigen Hofes Armada. Er befand sich seit dem 14. Jahrhundert im Besitz der Ritter von Lindau, die den Nassauern verpflichtet waren. Siegfried von Lindau ließ die Katharinenkapelle 1340 errichten und der Hl. Katharina weihen. Als Reliquie hat Siegfried von Lindau cin Partikel vom Kreuz Jesu gestiftet.[32] Damit dort regelmäßig Seelenmessen für ihn selbst, für seine Frau Irmgard und alle ihre verstorbenen Verwandten gelesen werden konnten, hat er auch gleich noch für einen Kaplan gesorgt. Dafür stellte er ein Haus, Garten, Ackerland, Wiese, eine Mühle mit jährlich 15 Maltern Kornpacht, Weingarten und Geld zur Verfügung. Siegfried behielt sich vor, solange er lebte, den Kaplan vorschlagen zu dürfen. Nach seinem Tode sollte dieses Recht auf das Stift Bleidenstadt übergehen.[33] Und um zu zeigen, dass das mittelalterliche Lehenssystem voller zum Teil widersprüchlicher Verpflichtungen war, sei noch angefügt, dass die Ritter von Lindau nicht nur nassauische Vasallen waren, sondern auch zu Mainzer Lehensträgern wurden.[34]

Im heutigen Frauenstein standen also zwei Kapellen, aber die Frauensteiner mussten zur Messe trotzdem nach Schierstein laufen – oder fahren oder reiten –, denn dort stand die zuständige Pfarrkirche. In der Stiftungsurkunde für die Katharinenkapelle wurde 1340 ausdrücklich darauf hingewiesen, dass die neue Kapelle die Pfarreirechte der Schiersteiner Kirche nicht beeinträchtigen würde. Die Frauensteiner sollten die Sakramente weiterhin in Schierstein empfangen – und die Schiersteiner Geistlichen die entsprechenden Präsenzgelder. Denn Siegfried von Lindau brauchte auch die Zustimmung der Kirchenoberen für die Errichtung seiner neuen Kapelle. Diese erhielt er im folgenden Sommer 1341 durch den Erzbischof von Mainz, Heinrich II.[35]

Ob die Frauensteiner Bauern trotzdem manchmal lieber oben blieben? Gingen die einen nur dahin, die anderen nur dorthin? Gab es Rivalitäten zwischen der „nassauischen Kapelle" und der „mainzischen Kirche"? Kann man vielleicht auch die besonders wertvolle Reliquie, die in der Katharinenkapelle lag, als Ausdruck eines Wettbewerbes verstehen?

Herbstlicher Eichenwald bei Frauenstein. Schweine trieb man zur Eichelmast in den Wald.

Ganz konkret war der Konflikt zwischen Grafenhaus und Erzstift zu Beginn unseres Untersuchungszeitraumes jedenfalls im Streit um Ackerland und Weiderechte in Frauenstein. Viehfutter wurde damals ja nicht eigens angebaut, weshalb man zur Viehhaltung auf Weiderechte angewiesen war. Die Weiderechte bei Frauenstein lagen beim Grafen von Nassau. Nun hatte Ende des 15. Jahrhunderts der Mainzer Amtmann Gilbrecht von Schönborn „seinen" Frauensteinern einige Äcker neu erschlossen. Das verkleinerte das Gebiet, auf dem die Nassauer ihr Vieh weiden lassen konnten, und das wollte der Graf von Nassau nicht hinnehmen. Der Streit zog sich über einige Jahre hin und wurde erst 1513 gelöst.[36] Ob die Frauensteiner Bauern das Land nutzten, solange die Rechte nicht geklärt waren? Bauern waren damals ein Spielball der Mächte. Wenn die Herren ihre Felder zertrampelten, konnten sie zwar Klage einreichen, aber es war unsicher, ob und wann ihnen Recht geschehen würde. Wahrscheinlich war Adolf III. jedoch kein Herrscher, der seine Streitigkeiten auf dem Rücken der Untertanen austrug. Man weiß also nicht, wie sich die Bauern und die Edelknechte sowie die verschiedenen Hofpäch-

ter untereinander vertrugen. Jedenfalls hat noch kurz vor der Trennung in ein evangelisches Schierstein und ein katholisches Frauenstein 1543/44 die Ritterschaft Frauensteins ein Drittel der Baukosten für die Schiersteiner Kirche übernommen. Bei den Prozessionen in der Kreuzwoche und zu anderen Gelegenheiten gingen die Einwohner von Schierstein und Frauenstein beieinander, „als wären sie wohnhaftig beieinander".[37] Und sie haben diese Einigkeit auch durch detaillierte Regelungen gewahrt: Für das Essen, das der Schiersteiner Pfarrer, der Frauensteiner Kaplan, die Kirchenältesten und die Sänger nach jedem Fronleichnamsfest im Pfarrhof in Schierstein serviert bekamen, mussten die Frauensteiner im jährlichen Wechsel mal die Hälfte, mal ein Drittel beitragen.

Scheunendach in Frauenstein.

Mosbach-Biebrich: Pfarrkirche und Kapelle am Mosbach

Das heutige Biebrich war im Mittelalter eher unbedeutend, wohingegen Mosbach, heute ein Teil von Biebrich, eine reich begüterte Pfarrei war.[38] Dort standen zu Beginn des 16. Jahrhunderts am Platz der heutigen Evangelischen Hauptkirche am Schlosspark die Pfarrkirche und eine Kapelle, die der Hl. Adelheid geweiht war. Beide gehörten zu Beginn des 16. Jahrhunderts dem Kloster Eberbach. Davor hatte die Pfarrkirche dem Simeonsstift in Trier gehört, und die Kapelle dem Kloster Klarenthal. Die Kapelle begann schon im 15. Jahrhundert zu verfallen und war zum Zeitpunkt unserer imaginären Spaziergänge durch die Stadt in keinem guten Zustand mehr. Spätestens 1589 gab es sie nicht mehr. Die Kirche hingegen hatte gleich drei Altäre und einen neuen Turm in spätgotischen Formen, 1496 erbaut. Zum Patrozinium gibt es unterschiedliche Angaben:[39] Der Hauptaltar könnte dem Hl. Petrus oder dem Hl. Kilian geweiht gewesen sein, die beiden anderen der Muttergottes und dem Hl. Jakob, unter dessen Schutz sich auch eine Jakobsbruderschaft gestellt hatte.

Erbenheim: schutzlose Kapelle und neue Pfarrkirche

Erbenheim, schon 927 erstmals urkundlich erwähnt, hatte zu Beginn des 16. Jahrhunderts eine recht neue Kirche, denn im 15. Jahrhundert mussten ein Teil Erbenheims und die alte Kirche aufgegeben werden:[40] Der Ort bestand vormals aus zwei unabhängigen Teilen, Nieder- und Ober-Erbenheim, die sich eine Kirche, die zwischen beiden Siedlungen lag, teilten. In den Streitigkeiten zwischen Eppstein und Nassau wurde Ober-Erbenheim 1417 jedoch vollkommen zerstört. Die überlebenden Einwohner wichen nach Nieder-Erbenheim aus. Auf Drängen Graf Adolfs II. (1393 – 1426) bekam das neue Erbenheim nun sogar Stadtrechte verliehen, was sich aber kaum auf die Entwicklung auswirkte. Die alte Pfarrkirche zwischen den beiden Ortsteilen war nun ungeschützt. Daher errichtete man innerhalb des Ortes in einem Ringwall eine neue Pfarrkirche mit mächtigen Mauern und großem Turm. Die alte Kirche wurde offenbar in der Bedeutung heruntergestuft und verfiel langsam. Heute erinnern nur noch die Flurnamen „An der Kapelle" und „Ober der Kapelle" an ihren Standort. Die Patronatsrechte an der Erbenheimer Kirche lagen beim Kloster Klarenthal, der Deutsche Orden hatte hier Besitz.

Die Erbenheimer Pauluskirche heute. Der Bau aus dem 15. Jahrhundert erhielt später ein anderes Dach und größere Fenster.

Kloppenheim: wehrhafter Kirchturm mit Wiesbadens ältestem Dach

Kloppenheim war schon vor der Jahrtausendwende eine eigene Pfarrei.[41] Zehnt- und Patronatsherr war das Kloster/Stift Bleidenstadt. Aus dem 15. Jahrhundert ist der Kirchturm erhalten, dessen Erdgeschoss den Chor der Kirche bildet. Es ist ein mächtiger Wehrturm, denn Kloppenheim war 1462 in der Mainzer Stiftsfehde (s. Kapitel „Entwicklungen, Herausforderungen, Missstände") vollständig zerstört worden. Sein Turmhelm wurde 1465 eingedeckt, womit das Kloppenheimer Kirchturmdach wahrscheinlich das älteste erhaltene Dach auf Wiesbadener Stadtgebiet ist. Auch der Triumphbogen zwischen Chor und Kirchenschiff stammt aus dem 15. Jahrhundert, alle anderen Bauteile sind jüngeren Datums. Die Lage der Kirche verweist auf Vorgängerbauten: Sie liegt im Dorf noch einmal erhaben auf einem kleinen Hügel, es gab auch hier eine Ferrutiuskapelle. Sie ist 1321 erstmals urkundlich belegt, da aber das Kloster Bleidenstadt schon seit 1076 Besitz in Kloppenheim hatte, kann die Kapelle auch älteren Datums sein.

Die Einwohner von Auringen und Heßloch gehörten zur Pfarrei Kloppenheim und kamen zu den Gottesdiensten hierher.

Naurod: kurze Eigenständigkeit

Die prächtige Barockkirche Naurods wurde nach einer wechselvollen Kirchengeschichte erbaut. Den kirchenrechtlichen Status Naurods im Mittelalter konnten wir nicht ganz zweifelsfrei klären. Vielleicht war Naurod schon bei seiner ersten urkundlichen Erwähnung 1346 eine eigene Pfarrei.[42] Sicher eigenständig war es jedoch um 1465, als das Kloster Bleidenstadt hier das Patronatsrecht hatte. Wahrscheinlich stand im Bereich des heutigen Friedhofs eine St.-Laurentius-Kirche, die allerdings in der zweiten Hälfte des 16. Jahrhunderts ihre Eigenständigkeit wieder verlor und zur Filialgemeinde von Kloppenheim wurde. Grund dafür könnte ein Mangel an Pfarrern gewesen sein.[43] Naurod ist eines der wenigen nassauischen Dörfer rund um Wiesbaden, für das Einwohnerzahlen aus dem 16. Jahrhundert vorliegen: 1512 gab es hier 18 steuerpflichtige Haushalte.

Barockkirche Naurod.

Die östlichen Vororte Wiesbadens haben im Mittelalter eine andere Geschichte als Wiesbaden und die nassauischen Dörfer. Breckenheim, Delkenheim, Igstadt, Medenbach und Nordenstadt gehörten den Eppsteiner Grafen, bis 1492 Landgraf Wilhelm III. von Hessen das Eppsteiner „Ländchen" kaufte.

Breckenheim: romanischer Turm im Zentrum

Breckenheim wurde erstmals 950 urkundlich erwähnt. 1251 ist in diesem Dorf eine Nikolauskapelle belegt, die 1309 in eine eigenständige Pfarrei St. Nikolaus umgewandelt wurde.[44] Von einem ihrer spätmittelalterlichen Pfarrer ist in der Kirche eine Grabplatte zu sehen, die im Kapitel „Spurensuche" gewürdigt wurde. Zu Beginn des 16. Jahrhunderts beherrschte ein wuchtiger Chorturm aus romanischer Zeit das Dorf. Er ist auch immer noch erhalten, nur das Zeltdach mit dem Glockenstuhl wurde im 16. Jahrhundert neu erbaut. Damals war der Chorraum noch mit einem Kreuzgratgewölbe versehen.

Delkenheim

Wahrscheinlich im 6. Jahrhundert wurde Delkenheim besiedelt.[45] Wie Breckenheim, Igstadt, Medenbach und Nordenstadt gehörte Delkenheim bis 1492 den Eppsteiner Grafen, seitdem war es Teil der Landgrafschaft Hessen. Die Patronatsrechte an der Pfarrkirche gelangten allerdings erst 1573 in hessischen Besitz. Die Kirche ist im 13. Jahrhundert erstmals urkundlich erwähnt. Im 15. Jahrhundert bauten sich die Delkenheimer

Der „Ländchesdom" in Del-
kenheim. Der vorige Kirchenbau aus dem 15. Jahrhundert
wurde 1893 abgerissen und
durch einen weithin sichtbaren
Neubau ersetzt.

eine neue, turmlose Kirche, die 1893 abgerissen und durch den bekannten „Ländchesdom" ersetzt wurde. Allerdings sind in der Turmnische noch einige Bauteile des 15. Jahrhunderts zu sehen. 1492 zählte Delkenheim 32 Häuser; 1570 war es auf 45 Häuser mit
47 Familien angewachsen.

Igstadt: St. Walbertus

Igstadt war eines der Dörfer, die während der Mainzer Stiftsfehde angezündet wurden (s.
Kapitel „Entwicklungen, Herausforderungen, Missstände").[46] Dementsprechend war die
Kirche zwischenzeitlich in einem schlechten baulichen Zustand. 1490 wurde schließlich
der Kirchturm erneuert und wenig später auch der Chor. Igstadt war damals ein Dorf mit
32 Häusern (Angabe für 1492), aber dennoch eine selbstständige Pfarrei. Die Kirche ist seit
dem 13. Jahrhundert urkundlich belegt. Sie bekam 1338 im Rahmen einer größeren Stif-
tung einen eigenen Pfarrer und einen Katharinenaltar. Geweiht war sie dem Hl. Walber-
tus, wie aus Quellen von 1490 bekannt ist. Es ist davon auszugehen, dass damit der dritte
Abt von Luxeuil gemeint ist, der im 7. Jahrhundert lebte und nach seinem Tod heiligge-
sprochen wurde. Damit hätte man neben der Hl. Birgid (Bierstadt) eine weitere Spur in
Wiesbaden zu den iroschottischen Mönchen und Nonnen des frühen Mittelalters: Luxeuil

ist eine Gründung des Hl. Columban. Patronatsherr der Kirche und größter Grundbesitzer in Igstadt nun war das Mainzer Kloster Altenmünster. Dieses 1781 aufgehobene Nonnenkloster war wahrscheinlich ebenfalls eine iroschottische Gründung. Insofern ist es gut möglich, dass in Igstadt der Bischof aus Luxeuil verehrt wurde – und nicht zum Beispiel der fränkische Hl. Walbert von Hildesheim aus dem 10. Jahrhundert.

Seit 1515 bis zu seinem Tod war Walter XI. von Kronberg (1478 – 1543) Vogt in Igstadt. Walter XI. von Kronberg trat 1493 in den Deutschen Orden ein und wurde 1504 Hauskomtur der Kommende Frankfurt. Aber das war erst der Beginn seiner Ordenskarriere: 1526 wurde er zum Deutschmeister gewählt und zwei Jahre später übergab ihm Kaiser Karl V. auch die Aufgaben des Hochmeisteramtes. Dennoch nahm er auch seine Pflichten in Igstadt wahr. Außerdem sorgte er für Bauarbeiten an der Kirche und ließ den Kirchenchor erneuern. In eins der Chorfenster ließ er seine Wappenscheibe aus farbigem Glas einsetzen. Sie ist erhalten und gehört zum Bestand des Stadtmuseums Wiesbaden.[47]

Die Walbertusstraße in Igstadt.

Im erhaltenen Turm der Kirche klingt noch immer die älteste Glocke Wiesbadens, die 1456 gegossen wurde. Eine Würdigung findet sich im Kapitel „Spurensuche". Igstadt war zur Reformationszeit wie Breckenheim, Delkenheim, Medenbach und Nordenstadt Teil der Landgrafschaft Hessen.

Medenbach: Spenden für die eigene Pfarrstelle

Zu Beginn des 16. Jahrhunderts hatte Medenbach ungefähr 85 Einwohner. Damals stand noch die spätromanische Kirche aus dem 11. Jahrhundert auf einem Hügel in der Ortsmitte.[48] Eine Urkunde von 1107 bezeugt ihre Weihe. 1576/77 bekam sie einen neuen Chor, aber das Kirchenschiff von 1714 erhebt sich auf den Grundmauern der alten Kirche. Die Medenbacher Kirche war zunächst eine Filialkirche von Nordenstadt. Zu den meisten Festen und Feiern sollte hier ein Kaplan von Nordenstadt die Messe lesen, aber an besonderen Festtagen wie Weihnachten, Ostern und einigen Marienfeiertagen sollten die Medenbacher in die Hauptkirche nach Nordenstadt gehen. 1491

erreichten die Medenbacher beim zuständigen Domkapitel in Mainz, dass sie fortan von einem eigenen Pfarrer versorgt wurden. Aus Spenden hatte die Einwohnerschaft Kelch, Monstranz und Messbücher angeschafft und eine Wiese zur Nutzung des Pfarrers bestimmt. Dadurch erreichten sie schließlich die Errichtung einer eigenen Pfarrstelle. Deren Stelleninhaber war wiederum auch für Wildsachsen zuständig und für die Siedlung Kosloff/Costlof, die südlich vom alten Medenbach lag, und damals wahrscheinlich sogar mehr Einwohner als Medenbach selbst hatte. Kostloff wurde im Dreißigjährigen Krieg schwer verwüstet und danach nicht mehr aufgebaut. Wie

Ein halbes Jahrtausend später: Kirchenbau für neue Anforderungen. Die Autobahnkirche Medenbach war die erste Autobahnkirche Hessens.

Breckenheim, Delkenheim, Igstadt und Nordenstadt war Medenbach erst seit 1492 hessisch. Speziell Medenbach bekam das anfangs nicht gut: Im Streit mit dem hessischen Landgrafen brandschatzte es 1518 der Ritter Johann von Breidenstein.

Nordenstadt

Nordenstadt war im 16. Jahrhundert ein verhältnismäßig großes Dorf.[49] 1492 zählte es 61 Häuser, im Jahr 1570 mussten für 109 Herdstätten Steuern gezahlt werden. Die im

Blick auf den Chor der evangelischen Kirche Nordenstadt.

Kern vermutlich fränkische Siedlung wurde ebenfalls 950 erstmals urkundlich erwähnt. Otto I. schenkte damals einem seiner Vasallen Land in Nordenstadt, Breckenheim und Wallau. Im 12. Jahrhundert wurde Nordenstadt eppsteinisch, schon 1107 war es eine eigene Pfarrei. Im 15. Jahrhundert hatten die Nordenstadter auf den Mauerresten einer älteren Kirche eine neue errichtet. Diese brannte im Dreißigjährigen Krieg 1637 bis auf das Chorgewölbe nieder. Erhalten ist neben verschiedenen älteren Bauteilen auch ein Altarkruzifix, das vermutlich aus dem 3. Viertel des 16. Jahrhundert stammt (s. Kapitel „Die Reformation im ‚Ländchen'").

Wie das ehemalige Eppsteiner „Ländchen" haben auch Kastel und Kostheim eine ganz andere Geschichte als Wiesbaden und die nassauischen Dörfer ringsum. Sie entwickelten sich um den Brückenkopf der römischen Brücke herum, Kastel war befestigt. Kastel und Kostheim gelangten nicht in nassauischen Besitz, weckten durch ihre Lage aber immer wieder Begehrlichkeiten, vor allem der Eppsteiner und der Hessen, wurden aber auch von Mainz beansprucht. Sie wurden immer wieder angegriffen. Amöneburg entstand erst später.

Kastel: Pfarrei am Mainzer Brückenkopf

Die christliche Geschichte von Kastel reicht in römische Zeit zurück, wie Funde auf dem römischen Gräberfeld vor dem befestigten Stadtteil belegen.[50] Dort wurde der Überlieferung nach auch der Märtyrer Ferrutius bestattet, dessen Gebeine im Stift Bleidenstadt verehrt wurden (s. Kasten „Ferrutius und Bleidenstadt"). Der Vorläufer einer zur Reformationszeit bestehenden Kapelle oberhalb der heutigen Wiesbadener Straße könnte ehemals sein Grab markiert haben. In den Quellen ist von einer „Cluse", also einer Einsiedlerklause, die Rede. Hier stand auch die Georgskirche. Im 13. Jahrhundert wurde Kastel von den Grafen von Bolanden, die die Vogteirechte an der Stadt hatten, zur Festung ausgebaut. Die Kirche St. Georg und die Klause befanden sich dann außerhalb der Mauern und waren dementsprechend ungeschützt. So wurde später eine der beiden Kapellen in der Festung, die Kapelle Mariä Himmelfahrt, zur Pfarrkirche geweiht. Auch der Taufstein von St. Georg, der 1520 dort aufgestellt worden war, wurde knapp 70 Jahre später nach Mariä Himmelfahrt gebracht, und als St. Georg 1632 von schwedischen Truppen zerstört worden war, benannte man Mariä Himmelfahrt in St. Georg um. Der Deutsche Orden besaß einen Gutshof in Kastel. Kastel und Kostheim blieben katholisch.

Kostheim. Blick von der Mainbrücke auf die katholische Pfarrkirche St. Kilian.

Kostheim: besonders gefährdete Lage

Kostheim gehörte erst seit 1506 dem Mainzer Erzbischof.[51] Davor war es im Besitz von St. Stephan in Mainz, noch früher im Besitz eines Aachener Klosters und ganz zu Beginn Frankfurter Dombesitz. Die Vogteirechte hatten 1528 die Herren von Eppstein, die ihren Kostheimer Grundbesitz jedoch verkauft hatten. Ein weiterer bedeutender Grundherr war das Mainzer Kloster Altenmünster. Durch seine Lage am Main, vor dem Mainzer Brückenkopf, war Kostheim besonders begehrt und besonders gefährdet. So steht auch die Kirche der Reformationszeit nicht mehr. Sicher ist, dass es seit spätestens 1239 einen eigenen Pfarrer in Kostheim gab. Möglicherweise gab es damals auch eine Wallfahrt, die heute wieder durchgeführt wird, die Fischbachwallfahrt. Sie könnte eine kleine, frühchristliche Taufkirche des Gimbacher Hofes zum Ziel gehabt haben. Um 1500 kam sie jedoch zum Erliegen. Kostheim und Kastel blieben katholisch.

Eine jährliche Prozession zum Kloster Klarenthal

Das Kloster Klarenthal, ab 1298 im Wellritztal erbaut, war das Wiesbaden am nächsten gelegene Kloster.[52] Es war ein Klarissenkloster und bekam seine Nonnen und Äbtissinnen bevorzugt aus den regionalen Adelsfamilien. Das Kloster hatte unter anderem Besitz auf Wiesbadener Gemarkung, Einnahmen aus einem Rheinzoll bei Rheinböllen und drei landwirtschaftliche Höfe in Mosbach und Biebrich. Es war ein kleines Kloster, und zu Beginn des 16. Jahrhunderts war es durch Plünderung und Misswirtschaft einer Äbtissin im 15. Jahrhundert immer wieder in Geldnöten. Weitere Informationen sind im Kasten „Kloster Klarenthal" zusammengefasst. Jedes Jahr am 13. Juli, am Tag der Hl. Margaretha, führte eine Prozession von Wiesbaden nach Klarenthal. An ihr nahmen auch die umliegenden Dörfer teil. Es wird vermutet, dass diese Prozession einer Margarethenreliquie im Kloster galt, das ist aber nicht bewiesen. Wie so oft, sind wir über die profanen Aspekte der Prozession besser unterrichtet: Die Rechnungsbücher des Grafen zeigen, dass nach der Prozession „Pfarrer, Schultheißen, Glöckner und andere" aus Wiesbaden und den umliegenden Dörfern auf gräfliche Kosten bewirtet wurden. 1477 ließen sich so „wie seit alters her üblich" um die 60 Personen Brot, Eier und Plattfische schmecken.

Klarenthal: Aquarell nach einer Zeichnung von Freiherr W. G. A. Malapert-Neufville aus dem Jahre 1824.

Neben dieser Prozession nach Klarenthal sind zwei weitere Prozessionen in Wiesbaden belegt: ein Flurumgang am Palmsonntag und einer am Himmelfahrtstag. Auch für diese Daten verzeichnen die gräflichen Rechnungsbücher Ausgaben. Auf die Prozessionen werden wir im Kapitel „Reformationsgeschehen in Wiesbaden" zurückkommen.

Kapläne, Altaristen, Beginen und Bruderschaften: die Menschen damals

Eine vollständige Aufzählung aller kirchlichen Ämter und Ehrenämter des Mittelalters würde unsere Untersuchung sprengen. Dennoch seien einige Formen, in denen die Menschen damals ihr Christentum lebten, aufgezeigt: Die Pfarrkirchen in und um Wiesbaden hatten in der Regel einen Pfarrer, der Kapläne oder Altaristen mitbeschäftigen konnte. Allerdings konnten die Altaristen auch von einem unabhängigen Patronatsherrn für einen Altar bestellt werden, wo sie eine bestimmte Anzahl von Messen lasen. Prädikanten, also für Predigten spezialisierte Kirchenmänner, sind für das vorreformatorische Wiesbaden nicht bekannt. Otto Renkhoff hat eine Liste aller Geistlichen von St. Mau-

Walsdorfer Kruzifix. Diese Darstellung des leidenden Christus kam als Geschenk der evangelischen Kirche Walsdorf in die Sammlung des Museums Wiesbaden, Hessisches Landesmuseum für Kunst und Natur, und ist einer der Höhepunkte der Sammlung. Lindenholz, um 1200.

ritius (Pfarrer und Altaristen), von der Michaels- und der Georgskapelle, von der Marienkapelle auf dem Sande, der Hospital- und den Burgkapellen in Wiesbaden, die sich in den Quellen im Mittelalter nachweisen lassen, erarbeitet.[53] Er zeigt, dass einige Altaristen parallel mehrere Aufträge erfüllten und dass sie auch manchmal von einer Kapelle zur anderen wechselten. Mit den Mönchen und Nonnen der umliegenden Klöster hatten die Wiesbadener wahrscheinlich nicht viel zu tun, wenn nicht gerade ein Deutschordensritter Vogt für das Dorf war, wie in Igstadt. Um die Abgaben kümmerten sich Vögte, nicht die Mönche und Nonnen selbst. Wahrscheinlich besuchten sich aber Familienangehörige in- und außerhalb der Klostermauern. Viele Frauen aus der Umgebung waren im Kloster Klarenthal (s. Kasten „Kloster Klarenthal"). Manche lebten dort als Nonnen und Äbtissinnen, manche als Laienschwestern. Sie werden ihre Verwandten dem Klausurgebot zum Trotz ab und zu gesehen haben. Zum Kloster Klarenthal führte außerdem eine jährliche Prozession, bei der viele Wiesbadener teilgenommen haben. Immer wieder kamen Bettelmönche in die Stadt, die Heiltümer zeigten und Spenden einwarben (siehe nächstes Kapitel).

Beginen in und um Wiesbaden

Wenig wissen wir über die Beginen, die in Wiesbaden lebten. Beginen nannte man Frauen, die ehelos oder verwitwet ein Leben für Gott führten, oft der Fürsorge für andere gewidmet, und manchmal von der Kirche kritisch beäugt, weil sie eben nicht in ein Kloster eintraten und damit nicht unter klerikaler Aufsicht standen. Im 12. Jahrhundert zuerst in den Niederlanden nachgewiesen, gab es gerade entlang des Rheins überall Beginen und mancherorts auch (männliche) Begarden. Otto Renkhoff nennt einige auf Wiesbaden und Umgebung bezogene Urkunden, in denen Beginen Geld und Güter verschenkten oder vererbten: eine gewisse Sophia, eine Metza zum Baumgarten aus Mainz und eine Agnes von Igstadt.[54] Es gab also nachweislich einige wenige Beginen, die im noch nicht protestantisch gewordenen Wiesbadener Raum ansässig waren. Vielleicht gab es neben diesen noch andere, die nicht begütert waren, nichts kaufen konnten oder zu vererben hatten, und über die die Überlieferung daher schweigt. Wir wissen es nicht. Ebenso wenig wissen wir über ihre Gedanken und ihren Alltag. Hatten sie Rückhalt in ihren Familien? Waren sie theologisch gebildet? Pflegten sie ein informelles Netzwerk zu Beginen in anderen Städten? Waren sie in der Stadt und in den Dörfern anerkannt?

Bruderschaften in Wiesbaden, Schierstein und Mosbach-Biebrich

Eine andere, bis zur Reformationszeit zunehmend beliebte Form engagierten Christseins waren die Bruderschaften, zu denen sich Laien (oder Laien und Kleriker) zusammenschlossen. Für Wiesbaden weist Otto Renkhoff mehrere Laienorganisationen nach, deren älteste und reichste die „Elendige" war.[55] Die „Elendenbruderschaft" kümmerte sich um die Beerdigungen fremder (= mhd. „ellende") und mittellos Verstorbener. Sie ist 1380 erstmals nachgewiesen und stiftete 1388 eine ewige Messe am Nikolausaltar in St. Mauritius. Der Hl. Nikolaus war ihr Schutzpatron. Dessen Kollaturrecht übte die Bruderschaft gemeinsam mit der Familie der Adeligen von Wiesbaden aus. 1388 bestand die Bruderschaft aus 13 Männern. Wir wissen von ihren Tätigkeiten vor allem aus den Rechnungsbüchern der gräflichen Verwaltung, weil dort Spenden an die Bruderschaften ebenso aufgeführt sind, wie Zuzahlungen bei Beerdigungen. Die „Elendige" blieb bis nach 1557 in Wiesbaden tätig.

Nachgewiesen sind außerdem eine Urbansbruderschaft sowie Marien- und Sebastiansbrüder in Wiesbaden. Sie entstanden erst gegen Ende des 15. Jahrhunderts. Da Sebastian der Pestheilige ist, könnte die Sebastiansbruderschaft im Zusammenhang mit einer Pestwelle gegründet worden sein.

Bei den Beerdigungen der Wiesbadener Bürger wurden die Michaelsbrüder tätig, deren Aufgabe später eine Schröter-Bruderschaft übernahm. Eine Schröter-Bruderschaft bestand auch in Schierstein. Wie im Abschnitt zu Schierstein angedeutet, sind Schröter diejenigen, die die Fässer zwischen Kellern und Schiffen hin- und hertransportieren. Die

Schiersteiner Schröter feierten jedes Jahr eine gemeinsame Messe. Wahrscheinlich ließen auch die anderen Bruderschaften mindestens eine Messe jährlich lesen, nach der sie sich auch zu einem gemeinsamen Essen trafen. Entsprechende Vermutungen darf man gerne auch für die Wiesbadener Jakobsbrüder anstellen, die beträchtlichen Besitz an Wingertland hatten, und deren Angehörige als „Heckenwirte" selbst gezogenen Wein ausschenken durften! Auch in Mosbach-Biebrich gab es eine Jakobsbruderschaft.

Anmerkungen zum Kapitel

1   Maßgeblich für das Folgende: Renkhoff, Otto: Wiesbaden im Mittelalter. Wiesbaden, 1980; Struck, Wolf-Heino: Staat und Stadt in der älteren Geschichte Wiesbadens. In: Hessisches Jahrbuch für Landesgeschichte 14, 1964, S. 22–66.

2   Für die Mauer wurden eigene Abgaben eingefordert, und zwar nicht nur von den Wiesbadenern, sondern auch aus Schierstein, Erbenheim, Bierstadt, Igstadt, Nordenstadt, Biebrich-Mosbach und Dotzheim. Renkhoff, 1980, S. 134.

3   Otto Renkhoff zeigt als Beispiel für das Jahr 1488 drei Tage im Dezember auf, an denen erst 135, dann 150 Leute aus den umliegenden Dörfern und am letzten Tag 130 Wiesbadener „im Graben" arbeiteten. Renkhoff, 1980, S. 132.

4   Renkhoff, 1980, S. 251 ff.

5   Struck, 1964, S. 58.

6   Renkhoff, 1980, S. 164.

7   Otto, Friedrich: Die Juden in Wiesbaden. In: Annalen des Vereins für Nassauische Alterthumskunde und Geschichtsforschung 23, 1891, S. 129–148, hier S. 133.

8   Faber, Rolf und Wolfgang Fritzsche: Synagogen, Badehaus, Hofreite. Jüdische Bauten in Wiesbaden. Wiesbaden, 2012; Fritzsche, Wolfgang: 300 Jahre jüdisches Kur- und Badewesen in Wiesbaden. Ein Beitrag zur jüdischen Geschichte Wiesbadens. Wiesbaden, 2014; Otto, 1891; Renkhoff, 1980, S. 348–350

9   Fritzsche, 2014, S. 13.

10   Alle Angaben hierzu aus: Roth, F. W. E.: Geschichte und historische Topographie der Stadt Wiesbaden im Mittelalter und der Neuzeit. Wiesbaden, 1883, S. 272, und Rossel, K.: Die kirchlichen Altertümer von Wiesbaden. In: Nassauischer Verein für Alterthumskunde und Geschichtsforschung (Hg.): Denkmäler von Nassau. Wiesbaden, 1852, S. 1–33, hier S. 6 f.

11   Renkhoff, 1980, S. 173.

12   Ebd., S. 179.

13   Ebd., S. 181; Czysz, Walter: Vom Römerbad zur Weltkurstadt. Geschichte der Wiesbadener heißen Quellen und Bäder. Wiesbaden, 2000, hier S. 51. In HHStAW 137/151 wird das Hospital als Spital zum Heiligen Geist bezeichnet. Nach Sauerland, Henrich: Urkunden und

Regesten zur Geschichte der Rheinlande aus dem Vatikanischen Archiv, Teil V, 1910, Nr. 390 gewährt Papst Urban V 1365 auf Bitten von Margarete, Gattin Adolfs I., einen Ablass für die Förderung der Marienkapelle und die Unterstützung der Kranken des Hospitals.

14 Darstellung nach Renkhoff, 1980, S. 88 und S. 178 f.

15 HHStaW 137/216.

16 Renkhoff, 1980, S. 181.

17 Damals waren die von Margarte von Hanau gestifteten Messen bereits auf den Katharinenaltar in St. Mauritius verlegt worden. Renkhoff, 1980, S. 173.

18 Ebd., 1980, S. 180.

19 „Auringen, Stadt Wiesbaden". In: Historisches Ortslexikon <http://www.lagis-hessen.de/de/subjects/idrec/sn/ol/id/11158> (Stand: 9.6.2017); „Heßloch, Stadt Wiesbaden". In: Historisches Ortslexikon <www.lagis-hessen.de/de/subjects/idrec/sn/ol/id/11157> (Stand: 6.4.2017).

20 Bubner, Berthold: Wiesbaden. Baudenkmale und historische Stätten. Wiesbaden, 1993, S. 180 f.; Peltzer, Hans: Daten zur Geschichte der evangelischen Gemeinde und Kirche von Wiesbaden-Bierstadt. Typoskript, 2016; Wolf, 1997, S. 75; Yurtöven, Barbara und Ersin Yurtöven: 1075 Jahre Bierstadt. S. 927–2002. Wiesbaden, 2002.

21 Schedl, Michaela: Tafelmalerei der Spätgotik am Südlichen Mittelrhein. [=Quellen und Abhandlungen zur mittelrheinischen Kirchengeschichte 135] Mainz, 2016, S. 91 ff.; Kat. Nr. 13.

22 Clemenz, Wolfgang: 725 Jahre Rambach. Rambach und die Welt. Ein geschichtlicher Abriss. O. O., 1989; 750 Jahre Rambach. Ein historischer Streifzug. Hg. vom Lenkungsausschuss Rambach. O. O., 2014; „Rambach, Stadt Wiesbaden". In: Historisches Ortslexikon <www.lagis-hessen.de/de/subjects/idrec/sn/ol/id/11164> (Stand: 29.3.2017).

23 Czysz, Walter: Sonnenberg. Die Geschichte eines nassauischen Burgfleckens vom Mittelalter bis zur Eingemeindung nach Wiesbaden. Nach Urkunden, Gerichts- und Kirchenakten sowie anderen Dokumenten. Wiesbaden, 1996; Renkhoff, Otto und Walt Czysz: Sonnenberg. In: Nassauische Annalen 112, 2001, S. 1–57.

24 Czysz, 1996, S. 69 f.

25 Zit. nach: Czysz, 1996, S. 82.

26 Bubner, 1993, S. 170; Faber, Rolf: 800 Jahre Kirche in Dotzheim 1184–1984. Beilage zum Mitgliederrundbrief des Heimat- und Verschönerungsvereins Dotzheim e. V. vom 17.12.1984; Kopp, Klaus: Dotzheim. Vom Fränkischen Weiler zum größten Dorf des Nassauer Landes. Ein geschichtlicher Überblick. Wiesbaden, 1998; Wolf, 1997, S. 55.

27 Monsees, Yvonne und Rüdiger Fuchs: Die Inschriften der Stadt Wiesbaden. Wiesbaden, 2000, S. XXVI; Struck, Wolf-Heino: Die Geschichte der Kirche und Pfarrei zu Schierstein. In: Kirchenvorstand der Evangelischen Kirche Wiesbaden-Schierstein (Hg.): Evangelisches Hausbuch. Zur 200-Jahr-Feier der Evangelischen Kirche Wiesbaden-Schierstein. Wiesba-

den, 1954, S. 5–63; ders.: 1000 Jahre Weinbau in Wiesbaden-Schierstein. Zur Geschichte der Weinkultur in urbanisierter Zone am Rande des Rheingaus. Wiesbaden, 1973; Wolf, 1997, S. 61.

28 Monsees/Fuchs, 2000, Kat. Nr. 16: Glocke mit Meister- und Herstellungsinschrift (erhalten), Kat. Nr. 24: Glocke mit den Namen der Evangelisten (nicht erhalten).

29 Struck, in: Kirchenvorstand der Evangelischen Kirche Wiesbaden-Schierstein (Hg.), 1954, S. 9.

30 Zit. nach: Struck, 1973, S. 18 ff.

31 Ebd., S. 22 f.

32 Wolf, 1997, S. 59. Die Katharinenkapelle ist im Dreißigjährigen Krieg zerstört worden, und der Altar samt den zugehörigen Pfründen fiel an die ehemalige Burgkapelle, die dann schon Pfarrkirche des katholischen Frauensteins war. Seitdem heißt sie „St. Georg und St. Katharina".

33 Struck, in: Kirchenvorstand der Evangelischen Kirche Wiesbaden-Schierstein (Hg.), 1954, S. 10.

34 Monsees/Fuchs, 2000, S. XXIII.

35 Struck, in: Kirchenvorstand der Evangelischen Kirche Wiesbaden-Schierstein (Hg.), 1954, S. 10.

36 Struck, Wolf-Heino: 1000 Jahre Weinbau in Wiesbaden-Schierstein. Zur Geschichte der Weinkultur in urbanisierter Zone am Rande des Rheingaus. Wiesbaden, 1973, S. 11 f.

37 Zit. nach Struck, in: Kirchenvorstand der Evangelischen Kirche Wiesbaden-Schierstein (Hg.), 1954, S. 10.

38 Faber, Rolf: Die Reformation in Mosbach-Biebrich. Wiesbaden-Biebrich, 1984; Monsees/Fuchs, 2000, S. XXI; Wolf, 1997, S. 65 ff.

39 „Mosbach, Stadt Wiesbaden", in: Historisches Ortslexikon <http://www.lagis-hessen.de/de/subjects/idrec/sn/ol/id/11186> (Stand: 5.4.2017) und Wolf, 1997, S. 66.

40 Monsees/Fuchs, 2000, S. XXII, Wolf, 1997, S. 73 f.; Renkhoff, 1980, S. 184; Wolf, 1997, S. 73.

41 Ortsverein Wiesbaden-Kloppenheim (Hg.): Kloppenheim von 927–2002. Festschrift zur 1075-Jahr-Feier von Wiesbaden-Kloppenheim. Ilsede, 2002.

42 Nickel, Wolfgang u. a. (Hg): 650 Jahre Naurod. 1346–1996. Nauroder Chronik bis zur Gegenwart. Wiesbaden-Erbenheim, 1995; Klaus Kopp: 650 Jahre Naurod. Ein nassauisches Dorf feiert. Hg. vom Geschichts- und Heimatverein Naurod. Nauroder Hefte, 1997; „Naurod, Stadt Wiesbaden". In: Historisches Ortslexikon <www.lagis-hessen.de/de/subjects/idrec/sn/ol/id/11159> (Stand: 6.4.2017); Wolf, 1997, S. 82. Stefan Wolf nennt 1342 als Ersterwähnung.

43 So Becht, Alwin: Aus der Geschichte der Nauroder Kirche. In: Nickel, 1995, S. 49–55, hier S. 49.

44 Historische Werkstatt Nordenstadt – Verein für Heimatgeschichte e. V. Wiesbaden-Nordenstadt (Hg.): Das Ländchen. Ein heimatkundliches Lesebuch. Wiesbaden, 2013, S. 28.

45 „Delkenheim, Stadt Wiesbaden", in: Historisches Ortslexikon <www.lagis-hessen.de/de/subjects/idrec/sn/ol/id/11161> (Stand: 5.1.2017).

46 Heimat- und Geschichtsverein Igstadt (Hg.): Igstadter Geschichte(n). Von den Anfängen bis ins 19. Jahrhundert. Chronik 1. Wiesbaden, 2008; „Igstadt, Stadt Wiesbaden", in: Historisches Ortslexikon <www.lagis-hessen.de/de/subjects/idrec/sn/ol/id/11151> (Stand: 16.11.2016).

47 Monsees/Fuchs, 2000, Nr. 56.

48 Gemeinde Medenbach (Hg.): Chronik der Gemeinde Medenbach. Herausgegeben nach der Eingemeindung der Gemeinde Medenbach zur Landehauptstadt Wiesbaden. Wiesbaden-Erbenheim, 1984; „Medenbach, Stadt Wiesbaden". in: Historisches Ortslexikon <www.lagis-hessen.de/de/subjects/idrec/sn/ol/id/11162> (Stand: 6.4.2017); Wolf, 1997, S. 81 f.; Sommer, Günter Fr. Chr.: Medenbacher Tagebuch. 900 Jahre Geschichte der Menschen, der Landschaft und des Dorfes Medenbach (Landeshauptstadt Wiesbaden). Wiesbaden, 2006.

49 Gemeindevorstand der Gemeinde Nordenstadt (Hg.): 1025 Jahre Nordenstadt. Wallau, 1975; Historische Werkstatt Nordenstadt – Verein für Heimatgeschichte e. V. Wiesbaden-Nordenstadt (Hg.): Das Ländchen. Ein heimatkundliches Lesebuch. Wiesbaden, 2013; „Nordenstadt, Stadt Wiesbaden". In: Historisches Ortslexikon <www.lagis-hessen.de/de/subjects/idrec/sn/ol/id/11163> (Stand: 16.11.2016); Wolf, 1997, S. 83 f.

50 „Kastel, Stadt Wiesbaden", in: Historisches Ortslexikon <www.lagis-hessen.de/de/subjects/idrec/sn/ol/id/11149> (Stand: 20.3.2017); Wolf, 1997, S. 91 f.

51 Frenz, Willi: Kurzgefasste Geschichte von Mainz-Kostheim. Hg. vom Heimatgeschichtsverein Mainz Kostheim. Kostheim, 2011, und „Kostheim, Stadt Wiesbaden". In: Historisches Ortslexikon <www.lagis-hessen.de/de/subjects/idrec/sn/ol/id/11150> (Stand: 23.3.2017).

52 Czysz, Walter: Klarenthal bei Wiesbaden. Ein Frauenkloster im Mittelalter. Wiesbaden, 1987; Monsees/Fuchs, 2000; Renkhoff, 1980, unter anderem S. 182 – 189.

53 Renkhoff, 1980, S. 356 ff.

54 Otto, Friedrich: Verzeichnis der Güter des Klosters Eberbach im Rheingau in der Feldmark von Wiesbaden im Anfang des 14. Jahrhunderts. In: Nassauische Annalen 32, 1901, S. 105 – 121. Renkhoff, 1980, S. 314.

55 Renkhoff, 1980, insbes. S. 188 – 190.

℞ ENTWICKLUNGEN, HERAUS-FORDERUNGEN, MISSSTÄNDE

Warum hatte Martin Luthers Thesenanschlag so weitreichende, so weltverändernde Folgen? Warum seine, und nicht die Bemühungen anderer Reformer vor ihm? Luther war sicher ein „theologisches Genie", offenbar hat er es geschafft, viele Anliegen seiner Zeit in einer überzeugenden Lehre zusammenzufassen. Aber die Zeit war auch reif für Luther. Es gab viele Entwicklungen, die zu Missständen führten, es gärte. Einige Ereignisse und Entwicklungen, die Wiesbaden direkt betrafen, wollen wir exemplarisch herausgreifen.

Plündernde Geistliche: die Mainzer Stiftsfehde

Zu Beginn der Reformationszeit dürfte den meisten Wiesbadenern die Mainzer Stiftsfehde noch präsent gewesen sein. Die Älteren hatten sie selbst miterlebt, die Jüngeren haben von ihr erzählt bekommen. Von 1461 bis 1463 hatte sie viel Blut und Tränen gekostet. 1459 standen zwei Kandidaten für das Amt des Bischofs in Mainz zur Wahl: Dieter von Isenburg (1412 – 1482) und Adolf von Nassau (1423 – 1475), der jüngere Bruder des regierenden Grafen Johann II. von Nassau-Idstein (1419 – 1480). Mit knapper Mehrheit wurde Dieter von Isenburg gewählt, konnte aber die Abgaben, die er als sogenanntes Servitiengeld an den Papst für die Bestätigung seiner Wahl hätte zahlen müssen, nicht aufbringen. Dieter kritisierte diese Abgaben generell. So ersetzte ihn Papst Pius II. 1461 kurzerhand mit der Begründung, Dieter opponiere gegen Papst und Kaiser, durch Adolf von Nassau. Dieter von Isenburg wollte jedoch nicht weichen. Beide, Dieter von Isenburg und Adolf von Nassau, suchten und fanden nun Verbündete und zogen gegeneinander in den Krieg. Zuerst überfielen sie die unbefestigten Dörfer der jeweiligen Gegner. Adolf fing an. Im Dezember 1461 plünderten dann Dieters Truppen unter anderem Mosbach, Biebrich, Schierstein, Erbenheim, Kloppenheim und Igstadt und brannten sie nieder.[1] Dann verwüsteten Adolfs Truppen Kastel und Kostheim. Es gab weitere Schlachten, vor allem in der Pfalz. Schwerste Verluste erlitt auch die Stadt Mainz, die Adolf von Nassau im Herbst 1462 einnahm und ihrer Freiheiten enthob. Erst 1463 wurde die Fehde mit dem Zeilsheimer Vertrag beendet. Die Wiesbadener erlebten noch eine Nachwirkung der Stiftsfehde, als Graf Johann II., durch die Fehde stark verschuldet, die vereinbarte Mitgift seiner

Herbstimpression bei Wiesbaden.

Tochter Anna nicht zahlen konnte. Sein Schwiegersohn, Graf Otto II. von Solms-Braunfels, nahm daher 1469 Wiesbaden vorübergehend als Entschädigung in Besitz und ließ sich von den Einwohnern Wiesbadens huldigen.

Man muss sich noch einmal klarmachen, was diese kurze Zusammenfassung der Ereignisse bedeutete: Höchste geistliche Würdenträger stahlen Besitz und Vorräte, verbrannten Häuser und Scheunen der wehrlosen Bevölkerung, und das mitten im Winter. Sie brachten Hunger und Leid. Wer an solchen kirchlichen Herrschern Kritik übte, stieß auf offene Ohren.

Der Ablasshandel des Mainzer Erzbischofs

Oben war vom Servitiengeld die Rede, welches nach der Wahl zum Bischof fällig wurde. Es gab noch weitere Zahlungen an die Päpste, die ja kaum etwas selbst erwirtschafteten, sondern überwiegend von Abgaben lebten. Gerne wurden diese Abgaben nicht gezahlt. Die französischen Bistümer konnten sich 1516 in einem Konkordat von den Zahlungsverpflichtungen an den Papst befreien, aber die Geistlichen, die Bischöfe und Erzbischöfe im deutschen Kaiserreich mussten weiterhin Annaten, Servitiengelder und Palliengelder an den Papst abführen.

Besonders hoch fiel das Palliengeld aus, das Albrecht von Brandenburg (1490 – 1545) zahlen sollte, als er 1514 Erzbischof von Mainz wurde. Albrecht von Brandenburg war damals schon Erzbischof von Magdeburg, und kirchliche Ämterhäufung war eigentlich verboten. Das Erzbischofsamt von Mainz erforderte darum eine besonders hohe Abgabe. 20.000 Gulden sollte Albrecht nach Rom zahlen. Er nahm bei den Fuggern einen Kredit auf, und um diesen bedienen zu können, schickte er den Ablassprediger Johannes Tetzel (um 1460 – 1519) durch die Lande. Obwohl unter Albrecht von Brandenburg in Mainz kurzzeitig eine reformwillige, humanistische, sogar lutherfreundliche Stimmung herrschte, geriet er durch den Ablassprediger Johann Tetzel in den schärfsten Gegensatz zu den reforma-

Flugblatt: Der Schafstall Christi. Das Gleichnis Joh 10, 1–16 wird hier für antikatholische Propaganda genutzt: Statt mit Christus durch die Tür einzutreten, holen der Papst und die Mönche die Gläubigen wie die Diebe durchs Dach. Holzschnitt nach einer Vorlage von Hans Sebald Beham, 1524.

torischen Ideen. Tetzel wurde der Spruch zugeschrieben: „Sobald das Geld im Kasten klingt, die Seele in den Himmel springt." Der Mainzer Erzbischof lieferte also gewissermaßen den „bekanntesten Auslöser für die Reformation: den Ablaß".[2]

Wie funktionierte der Ablass? Ihm liegt die mittelalterliche Idee vom Fegefeuer zugrunde, in dem Menschen noch vor dem Endgericht ihre schlechten Taten abbüßen müssen. Mit der Buße sind wir bei einem für Luther zentralen Begriff. „Buße" war für manche Theologen etwas, das innerer Überzeugung, Zerknirschung, Reue entsprang. Für andere musste Buße sichtbar werden und sich in guten Taten äußern. Zur Idee vom Fegefeuer kam eine zweite Vorstellung dazu, nämlich die, dass Jesus Christus und die Heiligen ein Übermaß an guten Taten angehäuft hätten, einen Schatz, über den die Kirche verfügen könne. Die Kirche meinte, den Menschen aus diesem Schatz etwas zuteilen zu können, was deren schlechte Taten

ANNATEN, PALLIEN- UND SERVITIENGELDER

Dem Papst standen Abgaben von den geistlichen Würdenträgern zu. „Servitien" wurden Zahlungen zur Bestätigung einer Wahl in ein geistliches Amt genannt. „Palliengelder" sind die Zahlungen bei der Wahl zum Erzbischof. Diese Bezeichnung bezieht sich auf das Pallium, das Amtsabzeichen des Papstes (eine schmale, weiße Stola mit sechs Kreuzen), das der Papst den Metropoliten, zu denen Erzbischöfe zählen, verleiht. „Annaten" ist eine allgemeine Bezeichnung für die Abgaben bei der Neubesetzung geistlicher Ämter, somit schließen Annaten Servitien und Palliengelder ein. Diese Abgaben waren eine wichtige Einnahmequelle für den Papst, der verhältnismäßig wenig Land hatte – und die Renaissance-Päpste waren nicht für sparsames Wirtschaften bekannt.

Stephan Lochner: Das Weltgericht. Mitteltafel des gleichnamigen Altares der Laurentiuskirche in Köln, um 1435, heute im Wallraf-Richartz-Museum, Köln.

aufwiegen und ihren Aufenthalt im Fegefeuer verkürzen würde. Das war der „Ablass": ein Erlassen von einer bestimmten Zeit im Fegefeuer. Im Hessischen Hauptstaatsarchiv Wiesbaden sind einige Ablässe, zum Beispiel für die Mithilfe am Bau von Kirchen und Kapellen, erhalten. Kann man in diesen Fällen noch eine Verbindung zu guten Taten (Kirchenbau) herstellen und die Ablassurkunde als schriftliche Bestätigung der geleisteten guten Tat und damit der Buße sehen, funktionierte der Ablasshandel, wie ihn Johannes Tetzel betrieb, ohne gute Taten, nur mit Geld. Die Zahlung ersetzte die Reue. Gegen die „Veräußerlichung des Bußwesens gab es schon im späten Mittelalter Protest, vor allem gespeist aus mystischen Formen von Frömmigkeit."[3] Luther kannte den Protest und dachte ihn weiter, bis er zur Formulierung des *sola gratia* kam: Allein aus Gnade vergibt Gott dem Menschen. Ein von der Kirche erteiltes Bußsakrament ist wirkungslos, einen käuflichen Schatz von guten Taten gibt es nicht.

Vernachlässigung der geistlichen Aufgaben

Geld und Macht in den Händen der Kirche und ihrer Vertreter führten immer wieder zu Kritik und Reformbewegungen; sie sind ja immer noch ein Hauptkritikpunkt an

Karikatur: Dies sagt der Herr – so spricht der Papst. Antirömische Propaganda besagte, dass die Priester in erster Linie das Wort des Papstes predigten, nicht die Bibel. Holzschnitt, um 1520.

der Institution Kirche. Zu Luthers Zeiten hatten viele Menschen das Gefühl, dass zu viele Vertreter der Geistlichkeit über ihren wirtschaftlichen und politischen Interessen ihre eigentlichen Aufgaben vernachlässigten. Um das am konkreten Beispiel zu zeigen, sei willkürlich eine Institution herausgegriffen, die in Wiesbaden und Umgebung viel Besitz hatte: das Heiliggeist-Spital in Mainz.[4] Ende des 15. Jahrhunderts bezog es Einkünfte aus Wiesbaden, aus Schierstein, Mosbach, Erbenheim, Delkenheim, Igstadt, Medenbach, Breckenheim – und aus vielen anderen Dörfern links und rechts des Rheins. In langen Listen waren alle Zahlungspflichtigen aufgeführt, geordnet nach Fälligkeitsdaten beziehungsweise im Urbar (Besitzrechtsverzeichnis) von 1487/88 nach Ortschaften. Detailliert bezeichnet sind darin auch alle Äcker, Weingärten, Mühlen, Wiesen, Gebäude und andere Besitztümer, die als Pfand dienten, sollten die Zahlungen und Abgaben nicht geleistet werden. Das Spital erhielt 1487/88 unter anderem fünf Gulden aus Wiesbaden, zwölf Gulden aus Schierstein, neun Schilling Heller und 41,5 Malter Korn aus Mosbach und eine Libra,[5] 43 Schilling Heller und 20 Malter Korn aus Erbenheim. Aus Kastel bekam es unter anderem jährlich zwölf Schweine,

Einkünfte des Klosters Eberbach aus Kloppenheim. Aus: Gerichtliche Erneuerung (Renovation) der Güter und Einkünfte des Klosters Eberbach zu Kloppenheim, Igstadt, Dotzheim, Erbenheim, Flörsheim, Mosbach, Nordenstadt, Schierstein, Weilbach, Nauheim, Bischofsheim. 1518. HHStAW 22 80.

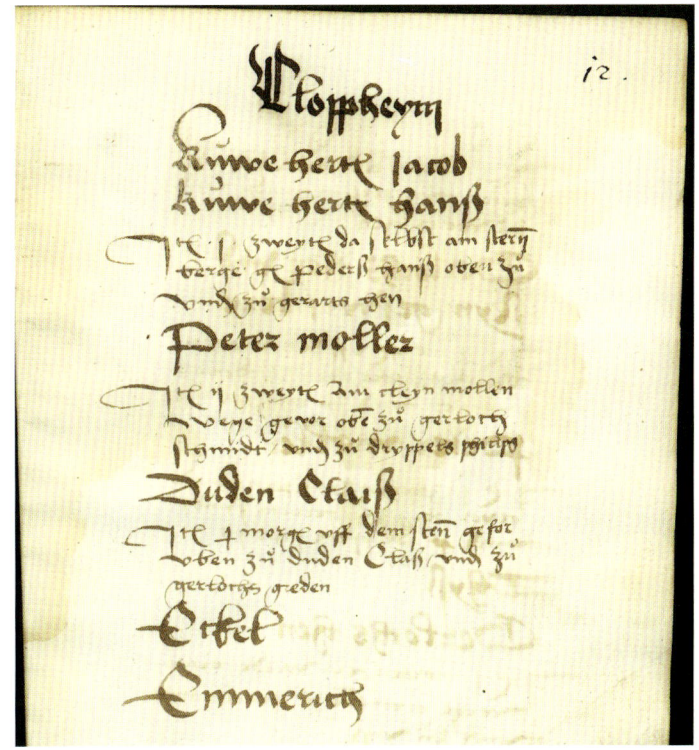

Dies sagt der Herr — So spricht der Papst

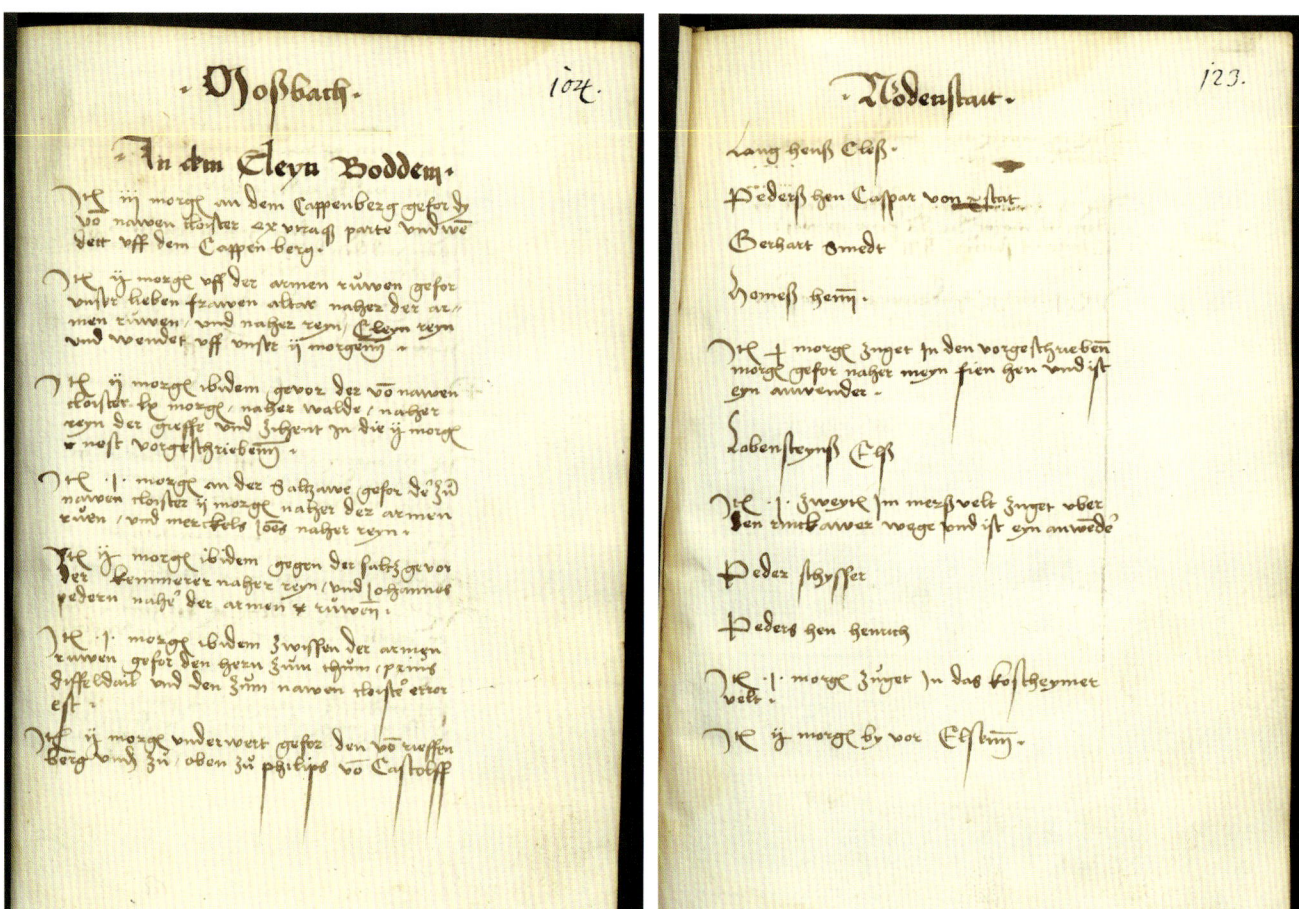

Wein aus Gau-Algesheim und Nieder-Ingelheim.[6] Nun sind die Abgaben gegen Ende des 15. Jahrhunderts nicht mehr vorwiegend karitativen Zwecken zugute gekommen. Gegründet, um Arme und Kranke, Fremde und Pilger zu versorgen, war das Heiliggeist-Spital wie andere Spitäler auch zu einer Versorgung für Stadtbewohner geworden, die sich hier einkauften und je nach Zahlungsfähigkeit besser oder weniger gut versorgt wurden. „Der ursprüngliche diesem System zu Grunde liegende Gedanke einer finanziellen Selbstbeteiligung der Kranken an den Leistungen des Spitals, der eine wirtschaftliche Auszehrung des Hospitalvermögens verhindern sollte, wich schon bald reinem Gewinnstreben."[7] Diese Verschiebung hat sich bestimmt auch auf der Wiesbadener Rheinseite herumgesprochen. Und sie erhöhte bestimmt nicht die Zahlungsmoral der Bevölkerung. Im Bauernkrieg verweigerten die Aufständischen dann auch nicht grundsätzlich alle Abgaben, aber sie forderten, dass die Abgaben direkt dem Pfarrer vor Ort zustehen oder tatsächlich für die Armen verwendet werden sollten.

Laienfrömmigkeit

Dass sich zu viele Kirchenmänner und -frauen nicht um ihre eigentlichen Aufgaben kümmerten, war ein wichtiger Kritikpunkt der Zeit. Trotzdem, oder vielleicht auch deswegen, suchten viele Laien die Nähe zur Kirche und zum Heil. Für die Zeit vor der Reformation ist das Erstarken der Laienfrömmigkeit vielfach beschrieben worden: Sie stifteten und spendeten, sie schlossen sich in Bruderschaften zusammen, sie lasen zu Hause erbauliche Literatur, versenkten sich in Andachtsbilder, kauften Ablässe und Reliquien. In der älteren Geschichtsschreibung wurden diese vielen Zeugnisse der Frömmigkeit manchmal als „Übersteigerung" abgewertet und gewissermaßen als letztes Zucken vor dem Tod des Alten gedeutet. Damit wird man den Menschen damals nicht gerecht. Fakt ist eine „zunehmende Laisierung der Religiosität".[8] Jahrhundertelang hatten die Laien gehört, dass die Vorsorge für das Leben nach dem Tod das Wichtigste auf Erden sei, und so handelten sie auch danach. Dass das Seelenheil vielen Menschen sehr wichtig war, war sicher eine Voraussetzung dafür, dass die Reformatoren so viele Menschen erreichten.

Beweinung Christi aus der Église Saint-Roch, Ternant, Burgund. Die Darstellung von Maria, der Mutter Jesu und der Maria Magdalena ist voller Emotionen. Holz, spätes 15. Jahrhundert.

Aus Wiesbaden gibt es viele Zeugnisse für eine tatkräftige und spendenwillige Frömmigkeit aufseiten von Bürgern, Bauern, Edelmännern am Vorabend der Reformation. Im vorigen Kapitel sind die Bruderschaften aufgezählt worden. Graf Adolf III. (1443–1511) und seine Frau Margarethe von Hanau-Lichtenberg (1463–1504) zeichneten sich durch ihre Bautätigkeit an Kirchen und Kapellen aus. Ablässe sind erhalten. Und dann überlieferte der Pädagoge, Historiker und Archivar Karl Rossel (1815–1872) noch den Nachlass einer Bürgersfrau von 1515, der hier in ganzer Länge wiedergegeben werden soll, weil er das Bemühen um das Seelenheil besonders anschaulich macht:

„1515 aus dem Testament einer Bürgersfrau:
‚bat und bevalh sie ihrem ehelichen Huswirt ir etliche verheyssene Wallfarten uszurichten, mit Namen zu unrser l. Frawen zu Ach, zu S. Annen zu Deuren, zu S. Gervas zu Mastricht und zu S. Quirin zu Newss. Item zu unser l. Frawen zu Landsteyn. Item zu S. Annen und zu unser l. Frawen zu Bechtheym und zu Worms, Item zu S. Philipps zu Zell. Item zu unser l. Frawen u. zu S. Annen auf dem Hünerberg genannt, und zu Lympurg. Item zum h. Creutz bei Meintz und an andern mehr Ende, an jedes Ende mit besondern Opfern, wie sie ime dann dasselbe alles unterschiedlich hat ufzeychnen lassen. – Auch soll ir Huswirt iren Abgang mit Vigilien, Sele Messen und anderm Gottesdienst erlich begeen lassen, solt auch armen Leuten zu der Dryer Begengnüs ein Saw Fleisch, eine Ome Wyns, ein Malter Brots us Weyss und Korn gemacht, umb Gots willen geben. Auch solt ir Huswirt zu Trost und Heyl irer Eltern und irer Selen stiften und ufrichten eyn ewige singende Wochen Mess, die zu ewigen Zeiten allen Dinstag in Eren der Lyden Christi unsers Seligmachers und der H. Frawen u. Mutter Marie zu S. Annen gehalten und gesungen solt werden. Zu derselben Mess satzt sie auch einen Sammeten Dappart Rosetfarb zu eynem Messgewandt mit einem Creutz daran. – Item unser l. Frawen Bilde in *S. Mauritius Pfarr kirchen* hie zu Wiessbaden eyn roten syden beschlagen Gürtel – Item unser l. *Frawen* im *Hengarten* ein schwartz Schawb – Item S. *Mauritius Kirchen Baw* hie zu Wiessbaden 4 Gulden. Item S. Sebastians Bruderschaft 1 Gulden. Item s. Jacobs Bruderschaft und unser l. Frawen Bruderschaft einer yglicher einen halben Gulden. Auch bevalh sie irem Huswirt zwey heiligen Hewser zu machen etc.‘“[9]

Wer sich durch das schwer verständliche Deutsch des 16. Jahrhunderts kämpft, sieht: Diese Bürgersfrau schöpfte alle Möglichkeiten, für ihr Seelenheil zu sorgen, aus. Ihr Ehemann musste etliche Wallfahrten unternehmen, die ihn bis nach Maastricht und Neuss führen sollten. Nach ihrem Tod waren Vigilien und Seelenmessen zu halten und ein Gottesdienst zu feiern, und bei dieser Gelegenheit sollten die Bedürftigen eine Sau, ein Ohm Wein (etwa 160 Liter) und einen Malter Brot (mit gutem, weißen Mehl; 85 kg?) bekommen. Dann sollte bis in alle Ewigkeit in der Annenkapelle eine Wochenmesse gesungen werden, die ihr und ihren Eltern zugute kommen sollte. Zu dieser Messe stiftete sie einen schönen Stoff für ein Messgewand. Die Madonna selbst sollte einen roten, seidenen und (mit Metall) beschlagenen Gürtel sowie eine neue Schaube (das ist der damalige mantelartige Umhang) bekommen. Der Gürtel ging an die Madonna in der Pfarrkirche, die Schaube ins Hengert. Anschließend bestimmte sie noch, dass die Pfarrkirche und bestimmte Bruderschaften anlässlich ihres Todes Geld bekommen sollten. Und mit der letzten Bitte sorgte sie noch für zwei „Heiligenhäuser", also Bildstöcke, die ihr Ehemann anfertigen lassen sollte. Im Kasten „Wallfahrten für das Seelenheil" vertiefen wir das Vermächtnis noch etwas.

Wenn man sich diesem Text hingibt und ein bisschen spekuliert, kann man zu dem Schluss kommen, dass sich diese Frau bestimmt viele Nächte lang Gedanken gemacht hat, bis sie das alles geplant hatte. Wie viel Angst um das Seelenheil spricht aus diesen Zeilen? Quälte sie die Befürchtung, das alles könnte nicht reichen? Oder war sie im Gegenteil stolz und zufrieden, so viel tun zu können? Wir werden das nicht mehr herausfinden, aber wir wollen auf das *sola gratia* und *sola fide* der Reformation zurückkommen. Die Gewissheit, „allein aus Gnade" und „allein aus dem Glauben" vor Gott gerechtfertigt zu sein, die Luther predigte, heißt, dass alle Heiligenhäuser und Seelenmessen, alle Wallfahrten und Reliquiensammlungen wertlos sind. Luthers Erkenntnisse bilden somit den größtmöglichen Gegensatz zu den oben zitierten Bemühungen um das Seelenheil.

KLEIDER FÜR HOLZFIGUREN?

Einen roten Seidengürtel für eine Madonnenfigur? Und einen schwarzen Mantel? Diese Details eines Wiesbadener Vermächtnisses von 1515 stoßen vielleicht auf Verwunderung. Damals war das ganz normal. Die Figuren, die wir heute in Kirchen und Museen bewundern, wurden von den Zeitgenossen oft geschmückt und bekleidet, manchmal sogar mit Haarteilen versehen.

WALLFAHRTEN FÜR DAS SEELENHEIL. AUS DEM VERMÄCHTNIS EINER WIESBADENERIN AM VORABEND DER REFORMATION

Der Wiesbadener Historiker Karl Rossel überlieferte das Vermächtnis einer Wiesbadener Bürgersfrau aus dem Jahr 1515. Darin regelte sie alles, was nach ihrem Tod für ihr Seelenheil getan werden sollte. Unter anderem trug sie ihrem Ehemann mehrere Wallfahrten auf. Aus ihrer Liste, die weiter oben abgedruckt ist, lassen sich fast alle Ziele bestimmen. Sie zeigen eine sehr persönliche und aktuelle Aus-

wahl, mit der eine Frau vor 500 Jahren ihren Aufenthalt im Fegefeuer verkürzen wollte.

In der Abschrift von Karl Rossel (1815–1872) bleibt diese Wiesbadener Bürgerin leider anonym. 1515 „bat und befahl" sie ihren/m Ehemann, nach ihrem Tod Messen lesen zu lassen, Geld und Güter zu verteilen und mehrere Wallfahrten zu unternehmen. Damit wollte sie für ihr Leben nach dem Tod sorgen. Insbesondere hoffte sie wohl, so die Zeit im Fegefeuer verkürzen zu können. Wallfahrten waren dazu ein gutes Mittel, weil man in die Nähe wichtiger Heiliger kam, die man bitten konnte, für einen einzutreten. Und außerdem konnte man auf Wallfahrten Ablässe erwerben, die eine sichere Reduzierung der Zeit im Fegefeuer bezeugten. Wallfahrten waren im Mittelalter sehr beliebt, manche Heiligtümer zogen Zehntausende von Pilgern an.

Die unbekannte Wiesbadener Bürgersfrau erstellte folgende Liste an Wallfahrtszielen: 1. Zum Marienschrein in Aachen. 2. Zu einer Annenreliquie in Düren. Diese Reliquie, ein Kopfreliquiar, hatte ein Steinmetz 1500 aus Mainz entwendet. 1506

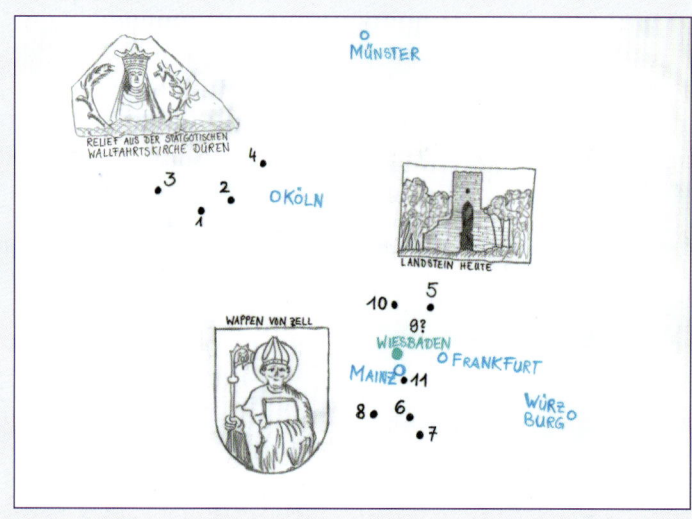

Wallfahrtsziele nach dem Vermächtnis einer Wiesbadener Bürgersfrau zwischen Maastricht und Worms, 1515.

war nach längerem Streit der Verbleib der Reliquie in Düren durch eine päpstliche Bulle bestätigt worden. 3. Nach Maastricht. Karl Rossel überliefert „zu S. Gervas". Es ist anzunehmen, dass es sich um „S. Servas" handelt, um den Hl. Servatius. 4. Zum Quirinus-Münster in Neuss. 5. Zur Marienwallfahrtskirche in Landstein. Landstein ist heute eine Wüstung im Ortsteil Altweilnau von Weilrod im Hochtaunuskreis. Um 1515 wurde die Kirche ein lokales Wallfahrtszentrum. 6. Nach Bechtheim. Wahrscheinlich handelt es sich hierbei um die Pfarrkirche St. Lambert in Bechtheim, Landkreis Alzey-Worms, welche aufgrund baugeschichtlicher Befunde (Größe und Stollenkrypta) heute für eine ehemalige Wallfahrtskirche gehalten wird. 7. Nach Worms. Wahrscheinlich war das genaue Ziel nicht der Dom, sondern ein Gnadenbild der Madonna in der Liebfrauenkirche in Worms, das damals verehrt wurde, denn im Vermächtnis steht „zu unser l. Frawen […] zu Worms." 8. Zum Hl. Philipp nach Zell, ein Wallfahrtsziel im Ortsteil Zell der Gemeinde Zellertal im Donnersbergkreis. 9. Marien- und Annenwallfahrtsort „am Hünerberg". Hierfür kommen mindestens zwei Ziele infrage: eine Erhebung bei Oberursel und eine Gemarkung in

Fischbach bei Kelkheim. Das kann leider nicht geklärt werden. 10. Limburg, wahrscheinlich zum Wilhelmitenkloster, das im frühen 16. Jahrhundert vorübergehend ein lokales Zentrum der Annenverehrung wurde, die der Prior Peter von Düren dort förderte. Ein damals wahrscheinlich verehrtes Annenreliquiar ist heute verschollen. 11. Zum „h. Creutz bei Meintz". Hierbei handelt es sich ziemlich sicher um die Kirche St. Maria im Felde zwischen Mainz und Hechtsheim (heute nicht mehr existent), in der ein Kreuzwunder eine Wallfahrt begründete.

Elf Ziele, einige in der näheren Umgebung, einige in und bei Worms und in der Region Aachen bis in die Niederlande hinein. Elf Ziele, ausgewählt aus wahrscheinlich Hunderten von Möglichkeiten. Die Auswahl unserer Bürgersfrau ist zeittypisch: Neun Wallfahrtsziele gelten der Mutter von Jesus und/oder der Hl. Anna, seiner Großmutter. Die Annenverehrung nahm gegen Ende des 15. Jahrhunderts bis zur Reformation noch einmal deutlich zu und wurde für Luther ja auch zu einem Inbegriff für die Irrungen der Heiligenverehrung. Die Auswahl unserer Wiesbadenerin ist außerdem nahezu tagesaktuell: Die Annenreliquie in Düren war zum Zeitpunkt der Niederschrift erst seit wenigen Jahren dort, und Landstein und das Wilhelmitenkloster Limburg waren gerade erst zu größeren Wallfahrtszielen geworden. Spannend sind die Bezüge zwischen den Orten: In Limburg führte ein Prior Peter von Düren die Annenverehrung ein. In Bechtheim steht die Pfarrkirche St. Lambert. Lambert war Bischof von Maastricht. Wir sehen also in der Erblasserin eine Frau vor uns, die eine Beziehung zu ihren ganz persönlichen Heiligen hatte, wobei die Gottesmutter Maria für sie offenbar an erster Stelle stand. Ihr gelten die meisten Elemente des Vermächtnisses.

Interpretieren lässt sich das Vermächtnis auf widersprüchliche Weise: Haben wir darin das Zeugnis einer Frau vor uns, die souverän aus allen Möglichkeiten, für ihr Seelenheil zu sorgen, die ihr liebsten auswählte? Oder ist es das Zeugnis einer Frau, die in großer Angst nichts unversucht ließ, was nur irgend Heil versprach?

Quelle: Rossel, K.: Die kirchlichen Alterthümer von Wiesbaden. In: Verein für Nassauische Alterthumskunde und Geschichtsforschung (Hg.): Denkmäler aus Nassau 1, 1852, S. 1–33. Hier S. 22.

1422 schlossen sich mehrere Herrscher, vor allem aus den Häusern Nassau und Katzenelnbogen, Hanau, Solms, Isenburg und ihren jeweiligen Verzweigungen zum Wetterauer Grafenverein, zusammen. Gemeinsam versuchten sie, sich gegen fremde Interessen zu wehren und einen gemeinsamen Landfrieden zu wahren. Zu den Reichstagen entsendeten sie einen gemeinsamen Vertreter. Philipp der Altherr (1490–1558) war Mitglied im Wetterauer Grafenverein.

Und noch mal: Geld, Geld, Geld …

Der Wetterauer Grafenverein warnte im Februar 1522 davor, für Reliquien allzu viel Geld auszugeben. Jeder Graf solle in seinem Territorium darauf achten, dass „sein arm unverständig Volk … nicht so gefährlich betrogen [werde] von Stationierern, Mönchen, Beginen und dergleichen Bettelwerk".[10] Worum ging es? „Stationierer" waren Mönche, die umherzogen und immer wieder Station machten, um Reliquien zu zeigen und Geld und Gaben einzusammeln. Die bekanntesten in Wiesbaden waren wohl die Antoniter. Die Roßdorfer Antoniter machten jedes Jahr eine große Sommerfahrt durch den Rheingau über Bingen bis nach Trier, und Wiesbaden war im März ihre erste Station. Unter dem Geläut einer besonderen Glocke, der Antoniterschelle, ritten sie in Wiesbaden ein, und man kann sich das Ereignis wohl wie ein kleines Volksfest vorstellen. Die Leute liefen zusammen, die Antoniusboten führten eine Antoniusreliquie mit sich, man durfte sie sehen, es wurde wahrscheinlich gepredigt und gebetet, und die Brüder freuten sich über Spenden. Da sie ein Privileg zur Schweinezucht besaßen, nahmen sie besonders gerne Mastschweine entgegen oder den Gegenwert eines Schweines in Geld. Der gräfliche Keller schenkte Wein aus. Neben den Antoniusboten kamen traditionell die Liebfrauenboten nach Wiesbaden, um Spenden einzusammeln. Im frühen 16. Jahrhundert wurden Wiesbaden

Lucas Cranach d. Ä.: Friedrich der Weise in Verehrung der apokalyptischen Muttergottes. Öl und Tempera auf Leinwand (ursprünglich auf Holz), ca. 1515, heute Staatliche Kunsthalle Karlsruhe. Der Unterstützer Luthers, Kurfürst Friedrich III. von Sachsen (1463–1525), genannt der Weise, hatte eine besonders große Reliquiensammlung.

und teilweise auch Sonnenberg dann zusätzlich von den Boten des Hl. Johannes, des Hl. Bonifatius, des Hl. Valentin und des Hl. Hubertus besucht, ebenso wie von Bernhardsboten, Barabaraboten und Heiliggeistboten.

Wenn nun die Obrigkeit vor solchen Ereignissen warnt, hat das natürlich einen leichten Beigeschmack. Bestimmt sorgten sich manche Herrscher, das Volk könne betrogen werden. Theologische Zweifel an der Wirksamkeit der Reliquien können mitgeschwungen haben. Aber man möchte den Wetterauer Grafen doch auch unterstellen, dass sie ihre Untertanen lieber arbeiten sahen, als von Reliquie zu Reliquie zu laufen. Und dass sie das Geld der Untertanen lieber einer anderen Verwendung zuführten.

Machtkonzentration

Die Frühe Neuzeit ist dadurch gekennzeichnet, dass sich Territorialherren als Machthaber etablierten: Herrscher, die ihre Macht auf ein mehr oder weniger großes, aber möglichst zusammenhängendes Gebiet stützten. Im Unterschied zu den mittelalterlichen Herrschern reisten sie nicht mehr ständig herum, um verstreute Untertanen aufzusuchen, sondern bauten Verwaltungen und andere Herrschaftsinstrumente auf, mit denen sie ihr Gebiet kontrollieren konnten. Dieser Ausbau der Territorien begann schon im 15. Jahrhundert. Er brachte die Verdichtung von Herrschaft mit sich und die Konzentration von Macht. Die Landesherren wollten den Einfluss anderer Machthaber in ihrem Gebiet, sei es die Kirche oder seien es andere Adelige, zurückdrängen. Sie versuchten, möglichst viele Rechte bei sich zu vereinen, zu konzentrieren. Zwei Aspekte dieser Entwicklung waren besonders wichtig für den Erfolg der Reformation: der intensivierte Zugriff auf die Untertanen und das Bemühen der Landesherren, auch über die kirchlichen Angelegenheiten eine gewisse Kontrolle zu haben. Beides erleichterte die Einführung neuer Kirchenordnungen. Insgesamt dauerte dieser Prozess der frühneuzeitlichen Staatsbildung Jahrzehnte, länger als die eigentliche Reformationszeit. Aber er bekam durch die Reformation großen Schwung, wenn in den evangelischen Territorien die Landesfürsten auch Kirchenoberhäupter wurden.

Nun war Nassau-Wiesbaden-Idstein kein großes Territorium, aber einige Details lassen sich in diesen Zusammenhang frühneuzeitlicher Machtkonzentration einordnen. Insbesondere zeigen die Befunde aus Wiesbaden und Umgebung, dass auch die Nassau-Wiesbaden-Idsteiner Herrscher ein Interesse hatten, kirchliche Angelegenheiten selbst zu regeln. Damit fügen sie sich in die oben skizzierte allgemeine Entwicklung ein.

Bauern bei der Ablieferung ihrer Abgaben. Von Rodericus Zamorensis: Spiegel des menschlichen Lebens. Augsburg, 1479.

Ein Beispiel dafür ist die Wiesbadener Pfarrkirche.[11] Die Patronatsrechte an ihr teilten sich zunächst der Deutsche Orden und das Kloster Tiefenthal. 1465 übernahm Graf Johann von Nassau die Anteile des Deutschen Ordens. Erzbischof Adolf von Mainz (sein Bruder), der Deutschordensmeister Ulrich von Lentersheim und der Komtur Nicolaus von Mulhusen beglaubigten die Urkunde. Rund 40 Jahre später, 1507, traten die Äbtissin des Klosters Tiefenthal, Elisabeth Boissin, und das Kloster selbst dem Grafen Adolf III. ihren Anteil am Patronatsrecht ab. Dieser Ablösung stimmten Erzbischof Jakob von Mainz und der Abt von Kloster Eberbach zu. So lagen nun alle Rechte an der Wiesbadener Pfarrkirche beim Nassauer Grafen. Graf Philipp der Altherr übertrug sie übrigens 1531 auf seinen damals erst elfjährigen Sohn Balthasar, der als drittgeborener Sohn für den geistlichen Dienst bestimmt war, und im Alter von 15 Jahren in den Deutschen Orden eintrat.[12] Da er den Orden später aus dynastischen Gründen (seine beiden älteren Brüder waren gestorben) wieder verließ, blieben die Rechte an St. Mauritius nun beim Landesherrn. Das landesherrliche Kirchenregiment, das mit der Reformation eingeführt wurde, konnte damit auf vorbereitete Strukturen aufbauen.

Als zweites Beispiel sei die Michaelskapelle in Wiesbaden angeführt. Diese Kapelle auf dem Kirchhof neben der Wiesbadener Pfarrkirche befand sich erst seit Beginn des 16. Jahrhunderts in den Händen des Grafen.[13] 1474 waren die Patronatsrechte an der Michaelskapelle von den Hut von Sonnenberg auf die Fetzer von Geispitzheim übergegangen. Von Eberhard Fetzer ertauschte sie Graf Adolf III. im Jahr 1505 mit der Begründung, dass die Kapelle in seinem Hoheitsgebiet liege und er so einen besseren Besuch des Gottesdienstes gewährleisten könne. Zu diesem Zweck ließ er durch den Erzbischof die Messen der Michaelskapelle auf einen Altar der Pfarrkirche übertragen. Als Ausnahme ließ er die Festtage des Erz-

 TREUE CHRISTEN SCHMÜCKEN DEN GOTTESDIENST

Zu den im Hessischen Hauptstaatsarchiv Wiesbaden erhaltenen Akten zur Verlegung der Messen von der Michaelskapelle in die Pfarrkirche gehört die Genehmigung des Erzbischofs Jakob von Mainz, der dabei auch die Hoffnung ausdrückt, dass die Kirche dann besser besucht und dadurch geschmückt werde, dass die treuen Christen zum ewigen Heil ohne Zweifel kommen mögen: „[…] *missas ad dictam cathedram parrochialem transferret et christianis fidelis eandem ecclesiam parrochialem frequentibus maior salutis eterne fructus procul dubio ex hoc ornetur* […]" Quelle: HHStAW 137 227.

engels Michael festschreiben, die weiterhin in der Kapelle zu begehen waren.

Da dieser Prozess für Wiesbaden-Idstein noch nicht systematisch erforscht ist, seien weitere Befunde eingereiht: Seit 1504 hatte der Graf auch das Kollaturrecht (das Recht, den Stelleninhaber vorzuschlagen) an der Hospitalkapelle in Wiesbaden inne.[14] 1530 gelang es Philipp dem Altherrn in einem Vergleich mit dem Mainzer Stift St. Alban, dass er als Inhaber der Hochgerichtsbarkeit über Dotzheim anerkannt wurde.[15] Allmählich wurde er unangefochtener Landesherr in Bierstadt. Um 1530 überging er klösterliche Rechte bei Stellenbesetzungen. Wie und warum das dem Grafen im Einzelnen gelang, müsste man weiter untersuchen – und würde vielleicht keine Antwort finden. In der Gesamtschau erklärt es jedoch die frühneuzeitliche Staatsbildung.

Ablieferung des Zehnten. Holzschnitt von Hans Leonhard Schäufelen, um 1520.

Was hieß das für die Untertanen? Konnte es ihnen nicht gleichgültig sein, ob sie die Messe wie früher in der Michaelskapelle oder fünf Schritte weiter in St. Mauritius hörten? Und war es ihnen nicht auch gleichgültig, wem sie Korn und Hennen und Wein abliefern mussten? Vielleicht kümmerte es sie im Einzelfall tatsächlich nicht, aber die strukturelle Veränderung betraf sie sehr wohl (auch wenn ihnen das wahrscheinlich selbst nicht klar war).

Wir bleiben beim konkreten Einzelfall: Für St. Mauritius und die anderen Kapellen kann man aufgrund der Quellenbefunde davon ausgehen, dass die Stellung des Hauptpfarrers von St. Mauritius immer wichtiger wurde, und zwar auf Kosten der anderen Altaristen und Kapläne. Immer mehr Messen fanden in St. Mauritius statt, die anderen Kapellen wurden weniger frequentiert, die Entgelte für die Messen gingen nach St. Mauritius und so weiter. Wo die Gläubigen früher mehr „Auswahl" hatten, waren sie zunehmend auf St. Mauritius verpflichtet. Und das konnte von Nachteil sein, wenn sie mit dem zuständigen Pfarrer nicht zurechtkamen. Im nächsten Kapitel werden die Ereignisse des Bauernkrieges detailliert dargestellt. An dieser Stelle sei aber schon vorweggenommen, dass die Wiesbadener in dieser Krise 1525 dem Hauptpfarrer von St. Mauritius nicht vertrauten, im Gegenteil. Ihn erklärten sie für abgesetzt und wollten stattdessen mit einem

Kaplan verhandeln. Das mag ein Zufall gewesen sein, aber es verdeutlicht die strukturellen Probleme, die durch die frühneuzeitliche Machtkonzentration entstehen konnten.

Im anderen Punkt, der Frage nach den Abgaben, wird die Problematik der Entwicklung vielleicht noch besser deutlich. Die Frühneuzeitforschung hat gezeigt, dass zu Beginn des 16. Jahrhunderts die Abgabenlast nicht stieg, aber aufgrund mehrerer Entwicklungen als härter empfunden wurde (Agrarkrise, Zersplitterung von Landbesitz) – was dann ja zum Bauernkrieg führte. Auch dazu trug die frühneuzeitliche Machtkonzentration bei: Die Herrscher hatten einen kürzeren Weg zu den Untertanen und damit bessere Chancen, die ihnen zustehenden Abgaben bis auf das letzte Haferkorn einzutreiben. Der Grundbesitz in einer der Weinbaugemeinden vor Wiesbaden mag als Beispiel dienen. Im frühen und im Hochmittelalter hatten einige verhältnismäßig weit entfernte Herrscher Besitzungen in Schierstein:[16] Das Hochstift Augsburg bezog seit 990 Wein aus Schierstein. Im 11. Jahrhundert waren das Kloster St. Michael in Bamberg und das St. Simeonsstift in Trier in Schierstein abgabeberechtigt. Trier, Bamberg, Augsburg – bestimmt mochten sie den Schiersteiner Wein gern und setzten alles daran, ihn jedes Jahr zu bekommen. Aber wenn man hier ein bisschen mogeln, mit den Vertretern der Stifte und Klöster ein bisschen mauscheln konnte, und aus dem Zehnten ein Zwölftel oder ein Fünfzehntel machte, dann hatte man unseres Erachtens gute Chancen, die Abgabenlast erträglicher zu gestalten. Es konnte ja schon helfen, die Abgaben verspätet zu liefern – und das funktionierte bestimmt besser, wenn der Herr in Augsburg und nicht in Idstein saß. Je weiter weg, desto theoretischer der Herrschaftsanspruch; je näher, desto besser durchsetzbar. Der Graf in Idstein wusste, wie gut das Wetter im letzten Jahr in der Region gewesen ist, und wie groß die Ernte in Schierstein ausgefallen sein muss. Selbstverständlich konnte es den Untertanen gleichgültig sein, wem sie ihren Wein, ihre Hennen, ihre Erbsen, ihren Weizen und Hafer ablieferten, aber die direkteren Zugriffsmöglichkeiten der Herrscher veränderten ihr Leben.

Frühling in den Frauensteiner Weinbergen. Pachtverträge hier sahen vor, dass bis zu einem Drittel der Ernte dem Grundbesitzer zustand – zusätzlich zum Zehnten.

Anmerkungen zum Kapitel

1 Renkhoff, Otto: Wiesbaden im Mittelalter. Wiesbaden, 1980, S. 106 ff.

2 Leppin, Volker: Das Zeitalter der Reformation. Eine Welt im Übergang. Darmstadt, 2009, S. 30.

3 Ebd., S. 32.

4 Zum folgenden: Mayer, Ute und Rudolf Steffens: Die spätmittelalterlichen Urbare des Heiliggeist-Spitals in Mainz. Edition und historisch-wirtschaftsgeschichtliche Erläuterungen. [= Veröffentlichungen des Instituts für geschichtliche Landeskunde an der Universität Mainz 36] Stuttgart, 1992.

5 „Libra" ist die lateinische Bezeichnung für das Pfund Silber, das Karl der Große als Standardmaß festlegte. Aus einer Libra wurden 240 Pfennige geschlagen. In der Aufzählung zeigt sich das verwirrende Nebeneinander verschiedener Münzsysteme und Währungseinheiten der damaligen Zeit.

6 Mayer/Steffens, 1992, Tabelle 15.

7 Ebd., S. 14.

8 Leppin, 2009, S. 25.

9 Rossel, K.: Die kirchlichen Alterthümer von Wiesbaden. In: Verein für Nassauische Alterthumskunde und Geschichtsforschung (Hg.): Denkmäler aus Nassau 1, 1852, S. 1–33; S. 22. Karl Rossel prägte den Verein für Nassauische Altertumskunde und Geschichtsforschung und brachte wunderbare Werke heraus. Leider sparte er, wie viele Autoren seiner Zeit, an den Quellenangaben. Das Vermächtnis konnte also nicht im Original überprüft werden. Rossel ist jedoch sehr zuverlässig.

10 Zit. nach: Renkhoff, 1980, S. 190. Darauf basierend auch die folgende Darstellung.

11 Rossel, 1852.

12 Even, Pierre: Dynastie Luxemburg-Nassau. Esch-sur-Alzese, 2000.

13 Renkhoff, 1980, S. 179 f.

14 Ebd., S. 181.

15 Kopp, Klaus: Dotzheim. Vom Fränkischen Weiler zum größten Dorf des Nassauer Landes. Ein geschichtlicher Überblick. Wiesbaden, 1998, S. 18.

16 Struck, Wolf-Heino: 1000 Jahre Weinbau in Wiesbaden-Schierstein. Zur Geschichte der Weinkultur in urbanisierter Zone am Rande des Rheingaus. Wiesbaden, 1973, S. 1–4.

ADRIANA VON BERGEN
(1495 BERGEN-OP-ZOOM? – 1524 IDSTEIN?).
DIE EHEFRAU VON PHILIPP DEM ALTHERRN

Und was war mit den Frauen? Dass Martin Luther ohne Käthe nicht derselbe geworden wäre, ist inzwischen klar. Auch andere Aspekte der Geschlechtergeschichte sind gut erforscht. Aber für Wiesbaden muss man viel suchen, wenn man sich für die Frauen der damaligen Zeit interessiert. Was wir über die Ehefrau des Herrschers, der die Reformation miterlebte und schließlich förderte, herausfinden konnten, sei daher im Folgenden erzählt.

Die Ehefrau Philipps des Altherrn hieß Adriana. Sie war eine geborene Gräfin von Bergen, aus dem heutigen Bergen-op-Zoom in der niederländischen Provinz Zeeland. Ihr Vater, Johann IV., war Gouverneur und Generalkapitän in der Grafschaft Namur, südlich von Brabant. Adriana war das dritte von sieben Kindern aus einer alten Adelsdynastie, die mit vielen bedeutenden Geschlechtern verschwippt und verschwägert war. Auch Adriana und ihre Geschwister heirateten dynastisch. Ihr älterer Bruder Johann ging mit 15 Jahren die Ehe mit Anna von Burgund ein, ihre ältere Schwester

Anna bekam mit 17 Jahren Adolf von Burgund zum Ehemann. Adriana war bereits 19, als sie mit Philipp von Nassau verheiratet wurde. Drei ihrer jüngeren Geschwister blieben übrigens unverheiratet, und zum „Stammhalter" wurde der Allerjüngste, denn der älteste Bruder starb 1514, in dem Jahr, in dem Adriana nach Nassau zog.

Zur Heirat zwischen Philipp und Adriana bewahrt das Hessische Hauptstaatsarchiv zwei Archivalien auf. Eines ist der „Heirats-Brieff" der beiden, ein Ehevertrag, den ihr Vater („wegen unserer Dochter Jungfrauen Adrianen") und ihr zukünftiger Ehemann aushandelten. Das andere ist die Beglaubigung des Kaisers Maximilian, dass „uns [= dem Kaiser] der wolgeborene […] liebe getreue Grawe Philipp zu Nassau, Herr zu Wiesbaden unnd Idtstain fürbringen hat lassen, wie er die [wolgeborne?] lie-

Wittumsverschreibung für Adriana von Bergen aus dem Jahr 1515. Gesiegelt von Kaiser Maximilian.

be Andächtige Adriana geboren von Bergen Gräfin zu Nassau, sein Gemahl, ihres Widums, namblich zwölff hundert Gulden […] verwiesen hab." Das Wittum war das, was im Todesfall des Ehemannes an die Witwe ging. Mit dieser Beglaubigung durch den Kaiser konnte Gräfin Adriana sicher sein, dass sie im Fall des Todes ihres Mannes nicht mittellos dastehen würde. Aber dazu kam es nicht. Adriana lebte nur zehn Jahre an der Seite von Philipp. Sie brachte sechs Kinder zur Welt: Katharina, Philipp, Margarethe, Adolf, Balthasar und Anna.

Wir wüssten gerne, ob und wie sie an den Ereignissen der Zeit Anteil nahm. Vielleicht verbrachte sie so viel Zeit im Kindbett, dass das Weltgeschehen eher an ihr vorbeizog. Aber vielleicht war es auch anders. Vielleicht interessierte sie sich für Politik. Sie könnte großes dynastisches Bewusstsein gehabt haben und alle Fehden, Reichstage, Heiraten und Bündnisse um sie herum mit großer Anteilnahme verfolgt haben – vielleicht interessierte sie sich sogar viel mehr für die Reichspolitik als ihr Ehemann, der ja lieber in Nassau blieb. Auch über ihre religiösen Überzeugungen wissen wir nichts. Vielleicht war es ihr sehr wichtig, ihre sechs Kinder in Zeiten großer Kindersterblichkeit schnell taufen zu lassen und im christlichen Glauben zu erziehen? Ihr Sohn Balthasar trat ja in den Deutschen Orden ein, ihre Tochter Margarethe wurde Äbtissin des Benediktinerinnenklosters Walsdorf und ihre Tochter Anna wurde dort Nonne. Aber letztlich wissen wir nichts über Adrianas Glauben und was sie von den jungen Reformatoren hielt.

1524 starb Adriana, noch vor dem Bauernkrieg. Es ist unbekannt, woran sie starb. Ihr jüngstes Kind war damals vier, ihr ältestes gerade neun Jahre alt. Ihr Ehemann Philipp überlebte sie um 34 Jahre, heiratete aber kein zweites Mal.

Quellen:
- Schwennicke, Detlev (Hg.): Europäische Stammtafeln, N. F., Band VII. Düsseldorf, 1978, Tafel 104.
- HHStAW 130 I 450 vom 23.02.1514 (Ehevertrag)
- HHStAW 131 257 vom 01.06.1515 (Wittum)

℞ BAUERNKRIEG 1525

1525 kam der Bauernkrieg nach Wiesbaden. Das war ein Ereignis, das den Namen „Krieg" verdient, weil es mehr Menschen und größere Gebiete betraf, als die Bauernaufstände davor, und weil darin etwa 100.000 Menschen ihr Leben verloren.[1] Man zögert dennoch, es als „Krieg" zu bezeichnen, weil die Gegner so ungleich waren. Es wurde vielmehr ein Abschlachten von Aufständischen. Die Aufständischen, das waren Bauern, Bürger und Bergleute, und ihre Gegner waren Ritterheere, gut mit Waffen und Rüstungen versehen, außerdem in Strategie und Krieg erprobt. Die Gewaltausbrüche der Bauern, mit denen dieser Krieg begann, wurden mit großer Härte beantwortet. Bei der ersten Schlacht des Bauernkrieges am 4. April 1525, der „Schlacht von Leipheim", gaben die Bauern kampflos auf und versuchten, sich in die Stadt zurückzuziehen. Die Fliehenden wurden von ihren Gegnern in die Donau gedrängt, wo sie ertranken, oder einfach abgestochen. Das Ergebnis waren 1.000 tote und 4.000 gefangene Aufständische sowie auf Seiten des Ritterheeres einige verwundete Pferde.

Rudolf Schiestl: Bauern-krieger und der Tod, 1525. Holzschnitt, spätestens 1931.

Es war außerdem ein Krieg, auf dem sich beide Seiten im Recht sahen und in unterschiedlicher Weise mit der Bibel argumentierten. Neben der größeren Verbreitung der Aufstände unterscheiden vor allem die religiösen Motive der einfachen Leute den Bauernkrieg 1524 – 1526 von den vorherigen Aufständen. Die religiösen Motive machen ihn zu einem Ereignis der Reformation. Überall formulierten die Bauern, Bürger und Bergleute ihre Forderungen in Briefen, in Artikeln, Beschwerden oder Verfassungsentwürfen, die den jeweiligen Herrschern vorgelegt wurden, und beriefen sich dabei auf die Heilige Schrift. Die „Zwölf Artikel", die wahrscheinlich Sebastian Lotzer (1490 – 1525 ?) und Christoph Schappeler (1472 – 1551) aus Memmingen verfasst haben, sind die bekanntesten, es gibt jedoch noch viele andere.[2] Sie forderten mehr Rechte und Freiheiten und begründeten jeden Artikel mit der Bibel. Sie wollten die Leibeigenschaft abschaffen, da diese nicht schriftgemäß sei. Sie wollten den sogenannten kleinen Zehnten nicht mehr abgeben, weil dieser nicht in der Heiligen Schrift belegt sei. Der große Zehnt, den sie gerne geben wollten, stünde jedoch allein dem Pfarrer der Gemeinde zu, und dieser Pfarrer sei von der Gemeinde zu wählen – nicht von der Obrigkeit einzusetzen. Sie wollten die herrschaftlichen Privilegien der Jagd- und Fischereirechte aufbrechen, denn die Schöpfung sei für alle da. Die Artikel lesen sich sehr überzeugend.

Die Bauern wünschten sich Martin Luther, Philipp Melanchthon und andere Reformatoren als Schiedsrichter über ihre Forderungen. Aber dazu kam es nicht. Die theologi-

schen Herausforderungen der Bauern blieben unbe-
antwortet. Die Fürsten schlugen ohne Diskussion
zurück.

Martin Luthers Haltung zum Bauernkrieg schmerzt
aus heutiger Sicht. Auf seine Lehren stützten sich die
Aufständischen, auf sein Schlagwort der „Freiheit"
beriefen sie sich. Aber sie verstanden etwas anderes
als der Theologe darunter. Volker Leppin macht klar,
dass dieser Begriff aus dem Theologenmund vom
oft leseunkundigen Volk umgedeutet, transformiert
wurde und dass sich Martin Luther damit falsch verstanden fühlte:

„Die reformatorische Botschaft wurde durch ihre
Weitergabe […] erneut transformiert. Jeder Rezepti-
onsprozess enthält in sich neben passiven auch aktive
Elemente: Gerade die Freiheitsbotschaft der Reformation konnte auf sehr unterschiedliche Vorausset-
zungen stoßen und damit auch unterschiedliche kreati-
ve Rezeptionsprozesse in Gang setzen. Dies galt in
besonderer Weise für die […] herrschaftsferne Grup-
pe von Menschen, die die Zeitgenossen als ‚gemei-
ner Mann' zusammenfasste. Auf dem Land lässt sich
anhand der Wirkungen im Bauernkrieg ein Rezepti-
onsstrang nachzeichnen, in dem sehr unmittelbar der
Bezug auf die Leibeigenschaft hergestellt wurde, die
Freiheitsbotschaft also auch und vor allem als Forderung zur Befreiung aus diesen sozialen Schranken
gehört wurde. Aus Luthers Sicht hieß dies, ‚Christliche freyheyt gantz fleyschlich machen'."[3]

Das konnte und wollte Luther nicht. Zunächst hatte er sich noch differenziert geäußert und die Herren
aufgerufen, die Bauern weniger zu schinden, und die
Bauern zum Frieden ermahnt. Bald aber änderte sich seine Haltung und er stellte sich
ganz auf die Seite der Obrigkeit. Seine Schrift „Auch wider die räuberischen und mörderi-

schen Rotten der andern Bauern" zeigt dies drastisch. Spätere Historiker haben diese Schrift oft als Antwort auf die ersten Aggressionen der Bauern erklärt. Warum Luther die Aufständischen jedoch so scharf verurteilte – und im Stich ließ –, werden wir 500 Jahre später nicht mehr ganz nachvollziehen können. Sicher ist, dass die Sprengkraft der Forderungen viel höher war, als es heute auf den ersten Blick scheint. Liest man die Forderungen jetzt, erscheinen sie sinnvoll und gemäßigt. Die Bauern wollten die Obrigkeit ja nicht abschaffen, sie wollten auch weiter Abgaben leisten, sie zeigten sich gesprächsbereit. Den Adressaten der Artikel, Briefe und Forderungen ist aber offenbar jede Gesprächsbereitschaft vergangen, sobald sie die Forderungen gelesen hatten. Sie lasen daraus nur, dass ihre Untertanen das Rechtsverhältnis mit ihnen aufkündigen wollten, dass die Rechte der Obrigkeit „in ihrer Substanz angetastet wurden: Die Grundherren sollten nicht mehr über die Personen verfügen dürfen; die personalrechtlichen Beziehungen waren aber das Herzstück der grundherrschaftlichen Verfassung. Die Grundherren sollten auch nicht mehr ihre Patronatsrechte in den Gemeinden wahrnehmen; das traf geistliche Grundherren nicht weniger als weltliche. Mit diesen Forderungen wären, hätten sie sich durchgesetzt, Grundpfeiler der herkömmlichen Herrschaftsverhältnisse zum Einsturz gebracht worden."[4]

Luthers Schrift gegen die aufständischen Bauern. Titelblatt.

Da ging bei der Obrigkeit wortwörtlich die Klappe herunter. Innerhalb weniger Wochen waren die Aufständischen geschlagen.

Wie ging es weiter? Die Frühneuzeitforschung weist inzwischen darauf hin, dass den Territorialherren nach ihrem Sieg nicht an einer zu großen Schwächung ihrer Untertanen gelegen sein konnte. Sie betont, dass die Landesherren leistungsstarke Bauern brauchten, um ihre Territorien auszubauen. Deswegen wurden in „verschiedenen Gegenden [...] die Forderungen der Bauern teilweise anerkannt und erfüllt; in anderen wurden Reformen durchgeführt, die insgesamt erträglichere Verhältnisse zum Ziel hatten."[5] So stabilisier-

Grabplatte von Abt Nikolaus IV., Abt von Kloster Eberbach zur Zeit des Bauernkrieges.

te sich die Lage des „gemeinen Mannes" im weiteren Verlauf des 16. Jahrhunderts wieder oder verbesserte sich sogar.

Langfristige Folgen für Wiesbaden

Wiesbaden macht hier eine Ausnahme.[6] Im Laufe des 16. Jahrhunderts verbesserten sich die Lebensbedingungen der Menschen hier nicht, im Gegenteil. Zwar waren die Strafmaßnahmen des Nassau-Wiesbaden-Idsteiner Grafen zunächst milder als anderswo. Es wurde niemand hingerichtet, sondern nur Geldstrafen verhängt. Aber Graf Philipp der Altherr strich der Stadt ihre „Freiheiten", ihre Privilegien. Diese Aufhebung der Freiheiten wirkte sich mittel- und längerfristig sehr negativ auf die Stadt aus, und Wiesbaden erholte sich bis zum Dreißigjährigen Krieg nicht davon. Dann wurden Wiesbaden und Umgebung weiter geschröpft, geplündert, zerstört, sodass mit den Bauernaufständen für Wiesbaden und Umgebung eine lange, schwere Phase in der Geschichte begann.

Auslöser: der Rheingauer Aufstand

Was war passiert? In Frankfurt, in Bingen und im Rheingau kam es ab Frühjahr 1525 auch zu Aufständen. Auf der Frühjahrsmesse in Frankfurt wurden die oben zitierten „Zwölf Artikel" aus Memmingen weiter verbreitet, und im April legten die Frankfurter eine Beschwerde vor. Auch diese Beschwerde wurde gedruckt und weitergetragen. Aus Mainz, Kastel, Bingen und Hochheim sind ebenfalls schriftliche Beschwerden erhalten. Da Wolf-Heino Struck darlegt, dass der Auslöser für den offenbar überraschenden Aufruhr in Wiesbaden im Rheingau lag, werfen wir einen Blick dorthin. Der dortige Aufstand war insofern besonders, als dass er von der gesamten Rheingauer Bevölkerung, der „Landschaft", getragen wurde. Nicht nur die Bauern und Bürger, auch die Adeligen erhoben sich, auch wenn sich einige Adelige der Bewegung wohl nur unter Druck angeschlossen haben. Sie lagerten drei Wochen lang auf einer „Wachholder" genannten Heide vor dem Kloster Eberbach und ließen sich aus dessen Vorräten versorgen.

Allein 96.000 Liter Wein sowie 900 Zentner Brot und Getreide holten die Menschen aus dem Kloster Eberbach, verspeisten Hammel, Schafe, Ochsen, Kühe, Kälber, Hühner und Hähne. Ihre Beschwerden liegen in zwei Fassungen vor. Die erste wurde am 29. April 1525 auf dem Rathaus in Winkel verfasst, die zweite wurde auf dem Wacholder am 9. Mai 1525 unterzeichnet und am 19. Mai 1525 von Kurmainz kurzzeitig bewilligt, bevor der Aufstand bald niedergeschlagen wurde. Die Rheingauer forderten im ersten Artikel für jede Gemeinde einen Pfarrer, der das Evangelium rein und lauter predigen solle, und schrieben ausdrücklich, dieser Pfarrer solle auch „gelehrt", also nicht ungebildet sein. Er solle direkt aus dem Zehnten bezahlt werden. Der Zehnte sei außerdem für die Armen vor Ort zu verwenden. Wolf-Heino Struck zeigt die Gemeinsamkeiten und Unterschiede mit anderen Beschwerdelisten des Bauernkrieges. Gerade die oben genannten Punkte wurden allgemein gefordert und standen im Einklang mit einigen reformatorischen Anliegen. Dagegen fehlte im Rheingau die Forderung nach der Abschaffung der Leibeigenschaft, weil diese dort nicht relevant war. Sehr viele Rheingauer Artikel befassten sich mit den Klöstern, gegen welche sich erheblicher Zorn richtete. Ende April 1525 hatten die Rheingauer bereits mit einigen Klöstern Abmachungen getroffen, die deren

Auflösung gleichgekommen wäre – wäre der Aufstand nicht bald darauf niedergeschlagen geworden. Nach einer bedingungslosen Unterwerfung und Entwaffnung der Rheingauer mussten sie Schadensersatz leisten, mussten Geldstrafen leisten und es hinnehmen, dass neun „Rädelsführer" hingerichtet wurden.

Weinkeller der Hessischen Staatsweingüter Kloster Eberbach heute.

Die Ereignisse in Wiesbaden

Philipp der Altherr weilte im April/Mai 1525 in der Pfalz, um bei den Verhandlungen mit den Aufständischen zu helfen, ließ aber durch seinen Amtmann Hans Mauchenheimer anfragen, was in seiner Herrschaft vor sich gehe und was die Untertanen wollten. Etwaige Beschwerden sollten die Wiesbadener schriftlich darlegen. Am 2. Mai 1525 antworteten Schultheiß, Schöffen und Geschworene im Namen der Gemeinde, man wolle den Grafen jetzt nicht damit „bemühen noch betrüben", sondern bis zu seiner Rückkehr warten. Damit hatte die städtische Obrigkeit die Lage jedoch falsch eingeschätzt. Zu viele Menschen waren unzufrieden, und der nahe Rheingau erschien stark und siegreich. Wir heute haben vor allem vor den Forderungen Hochachtung, die wir theologisch für sinnvoll halten – etwa danach, dass die Menschen einen Pfarrer einforderten, der verstehen sollte, was er vorbetet, und das auch auf Deutsch erklären konnte. Aber für manche Menschen damals muss es auch eine ungeheuer verlockende Aussicht gewesen sein, die Keller der Klöster zu stürmen und sich dort satt zu essen. Nicht nur den ewigen Getreidebrei, sondern Käse, Eier, Dörrfleisch in großen Mengen zu bekommen, frisch gebratenes Fleisch zu genießen, den Wein der Klöster zu trinken, und das im Bewusstsein, dass man vieles davon selbst gesät, geerntet und hergestellt hatte, bevor es in den Klosterkellern verschwunden war.

So liefen schließlich auch die Wiesbadener zusammen, Kloppenheimer und Mosbacher kamen hinzu und wahrscheinlich noch andere Leute aus der Umgebung. Sie bewaffneten sich, läuteten die Glocken, verschlossen hinter sich die Stadttore, erklärten Pfarrer und Spitalmeister für abgesetzt und durchsuchten deren Häuser nach Urkunden, die ihre Abgabenforderungen beglaubigten, und ließen diese verschwinden. Verhandeln wollten sie nicht mit dem Amtmann, sondern nur mit einem Kaplan, dem sie offenbar vertrauten, Eoban Zawer. Ein Idsteiner Amtmann und der gräfliche Schreiber Bernhard wurden mit dem Tod bedroht. Dieser Bernhard war

Der Schuldturm in Nürnberg ist einer der bekanntesten Gefängnistürme. Auch in Wiesbaden waren in den Türmen der Stadtmauer Gefängnisse eingerichtet.

wahrscheinlich auch der Verfasser eines Memorandums, das die einzige Quelle für die Wiesbadener Ereignisse darstellt. Stichpunktartig notierte er darin, was passiert war und was im Namen des Grafen weiter untersucht werden sollte. „Zu gedencken", schrieb er, herauszufinden, wer veranlasst habe, die Häuser der Geistlichen zu durchsuchen: „wer bescheiden hab, denn geistlichen durch die heuser zu lauffen unnd ir briff zu nehmen."[7]. Er sollte des Weiteren herausfinden, wer den Anstoß gab, die Stadttore zu schließen: „Zu gedencken, wer dy pfhorten zuzuschlissen unnd dy schlussel zu brengen befolen hab, ob es dy gemein gethan oder aber durch sondere personen beschehen seyhe und wer dy seihen, die solichs gepoten unnd gethan haben."[8] Und noch mehr will er erfragen. Die Ereignisse lassen sich so aus den Notizen erschließen, nicht jedoch die Beweggründe oder Ziele der Aufständischen.

Der Ausnahmezustand währte nur einige Tage. Der Graf holte weilburgische und königsteinische Reiter zu Hilfe (die Rechnungen weisen entsprechende Ausgaben auf) und ließ zahlreiche Verdächtige festnehmen. Dann begannen die Untersuchungen. Befragt wurden die Verdächtigen auch unter Anwendung der Folter. Dafür wurde der Mainzer Scharfrichter angefordert. Aus den Rechnungsbüchern weiß man, wie oft er im August, im November und im Dezember 1525 zwischen Wiesbaden, Sonnenberg und Idstein unterwegs war. Einige Mosbacher waren vorübergehend im Gefängnis. Und schließlich hatte man die Schuldigen identifiziert. Sieben Wiesbadener erhielten Geld- und Gefängnisstrafen („Turm"). Renkhoff zeigt, dass sie „zur mittleren, durchaus begüterten Bevölkerungsschicht"[9] gehörten. Es waren keine Bauern. Ordentlich zahlen mussten sie. In Kloppenheim

ließ sich übrigens kein Hauptschuldiger identifizieren. Das Dorf hat offenbar gegenüber der Herrschaft zusammengehalten. So wurden einige Bauern, die den Pfarrer bedroht hatten, mit Geldbußen belegt, das Dorf erhielt aber zusätzlich noch eine Kollektivstrafe. Auch die Stadt Wiesbaden musste eine „Schatzung" als Strafe hinnehmen, die die gesamte Einwohnerschaft traf. Anders als in Bingen und Mainz wurde niemand hingerichtet.

XIX. Cap.

Arnach höret ich eine stim grosser scharen im Himel/ die sprachen: A Haleluia. Heil vnd preiß/ehre vnd krafft/ sey Gott vnserm HERRN/ denn warhafftig vnd gerecht sind seine Gerichte/ daß er die grosse Hure verurtheylet hat/ welche die Erden mit jrer Hurerey verderbet/vnd hat das Blut seiner Knechte von jrer Hand gerochen. Vnd sprachen zum andern mal: Haleluia. Vnd der Rauch gehet auff ewiglich. Vnd die vier vnd zwentzig Eltesten/vnd die vier Thier/ fielen nider/vnd betten an Gott/ der auff dem Stul saß/vnd sprachen: Amen/ Haleluia. Vnd eine stim gieng von dem Stul: Lobet vnsern Gott alle seine Knechte/vnd die jn förchten/bey de klein vnd groß.

Vnd ich höret eine stim einer grossen Schar/vnd als eine stim grosser Wasser/ vnd als eine stime starcker Donner/ die sprachen: Haleluia. Denn der Allmächtige Gott hat das Reich eyngenommen/ Lasset vns freuwen vnd frölich seyn/ vnd jm die Ehre geben/ denn die Hochzeit deß Lambs ist kommen/ vnd sein Weib hat sich bereytet. Vnd es ward jr gegeben/ sich anzuthun mit reiner vnd schöner Seiden. (Die Seide aber ist die Gerechtigkeit der Heyligen.) Vnd er sprach zu mir: Selig sind die zum Abendmal deß Lambs beruffen sind. Vnd er sprach zu mir: Diß sind warhafftige wort Gottes. Vnd ich fiel für jn zu seinen Füssen/ jn anzubeten. Vnd er sprach zu mir: Sihe zu/ thu es nicht/ ich bin dein Mitknecht/ vnd deiner Brüder/vnd dere/ die das Zeugniß Jesu haben. Bette Gott an (Das Zeugniß aber Jesu ist der Geist der Weissagung.)

Vnd ich sahe den Himmel auffgethan/ Vnd sihe/ ein weiß Pferd/ vnd der drauff saß hieß Treuw vnd Warhafftig/ vnd richtet vn streitet mit Gerechtigkeit. Vnd seine Augen sind wie ein Feuwerflame/vnd auff seinem Häupte

vil Kronen/vnd hatte einen Namen geschriben/den niemand wuste denn er selbß. Vnd war angethan mit einem Kleyde/ das mit Blut besprenget war/vnd sein Name heist Gottes wort. Vnd jm folgete nach das Heer im Himmel auff weissen Pferden/ angethan mit weisser vnd reiner Seiden. Vnd auß seinem Munde gieng ein scharpff Schwert/daß er damit die Heiden schlüge/vnd er wirt sie regieren mit der eysern Ruten. Vn er tritt die Kelter deß Weins deß grimmigen zorns deß Allmächtigen Gottes. Vnd hat einen Namen geschrieben auff seinem Kleyde/vnd auff seiner Hüfften/also; Ein König aller Könige/vnd ein HERR aller Herrn.

Vnd

Das wort Gottes liget ob wider die Schutzherren deß Bapsts/ vnd hilfft kein wehren.

Angel mist... (handwritten marginalia)

Psalm.

[right page, partially visible:]

Vnd ich sahe ... stimme/vnd sprach ... versamlet euch zu ... Könige/vnd der ... dere/ die drauff sitze ... vnd der grossen.

Vnd ich sahe ... streit zu halt ... das Thier wa ... ther für jm/durch w ... die das Bilde deß ... rigen Pful geworff ... get mit dem Schwe ... Vnd alle Vögel w ...

Vnd ich ... sel zum ... greiff ... Sath ... vnd ve ... führen solt die Heyd ... er loß werden eine kl ...

Vnd ich sahe S ... Gericht/ vnd d ... deß worts Go ... sein Bilde/ vnd nicht ... jre Hand/ diese letzt ... aber wurden nicht wi ... die erste Aufferstehu ... Aufferstehung. Vb ... Priester Gottes vnd ... Vnd wenn tause ... Jnem Gefengniß ...

Philipp der Altherr hat seinen Untertanen den Aufstand jedoch nie verziehen. Man weiß das aus späteren Schreiben. Er entzog der Stadt ihre Freiheiten, und gab sie ihr auch Jahrzehnte später nicht zurück, als die Stadt von einem Brand heimgesucht war und dringend Hilfe gebraucht hätte. 1547 brannte die Stadt das erste Mal – wahrscheinlich von durchziehenden Truppen angezündet, und der Graf zeigte sich unversöhnlich. Wiesbaden richtete 1558 dann ähnliche Bitten an seinen Sohn und Nachfolger, Philipp den Jungherrn. Er würdigte die Stadt keiner Antwort. 1561 brannte die Stadt erneut, bat um Schuldenerlassung in Weilburg, erreichte hier nichts, und nur eine kleine Erleichterung bei Philipp dem Jungherrn. Erst kurz vor seinem Tod entschloss sich der Jungherr zu einem neuen Freiheitsbrief für Wiesbaden. Diesen stellte dann sein Nachfolger, sein Bruder Balthasar, aus und erfüllte damit wenigstens einen Teil der Wünsche der Stadt. Seine Bestimmungen wirken in der Rückschau fast kleinlich.

Illustrationen zur Offenbarung des Johannes aus der sog. Feyerabendbibel. Zeitgenössische Katastrophen wurden immer wieder im Lichte der in der Offenbarung des Johannes geschilderten Visionen gedeutet.

Vormals waren die Wiesbadener Bürger beispielsweise von Jagd- und Fischereidiensten befreit. Nach dem Aufruhr hob der Altherr diese Befreiung auf. Nach dem zweifachen Stadtbrand nun gewährte Balthasar die Befreiung von der Hohen Jagd, beließ es aber bei der Verpflichtung zu den Diensten bei Hasenjagd und Fischerei. Die kurze Ahnung von Freiheit im Jahr 1525 ist den Wiesbadenern teuer zu stehen gekommen.

Anmerkungen zum Kapitel

1   Goertz, Hans-Jürgen: Pfaffenhaß und groß Geschrei. Die reformatorischen Bewegungen in Deutschland 1517–1529. München, 1987. Insbes. Kapitel VI: Der revolutionäre Kampf des gemeinen Mannes, S. 163–183.

2   Leppin, Volker: Reformation. Kirchen- und Theologiegeschichte in Quellen III. Neukirchen-Vluyn, 2005. Darin: Der Bauernkrieg, S. 130–138. Lotzer war Kürschnergeselle, Schappeler Prädikant.

3   Leppin, Volker: Das Zeitalter der Reformation. Eine Welt im Übergang. Darmstadt, 2009, S. 100 f.

4   Goertz, 1987, S. 170.

5   Goertz, 1987, S. 177; Schorn-Schütte, Luise: Die Reformation. Vorgeschichte, Verlauf, Wirkung. 2. Auflage München, 2016.

6   Die folgende Darstellung basiert auf: Renkhoff, Otto: Wiesbaden im Mittelalter. Wiesbaden, 1980; Struck, Wolf-Heino: Staat und Stadt in der älteren Geschichte Wiesbadens. In: Hessisches Jahrbuch für Landesgeschichte 14, 1964, S. 22–66; und ders.: Reformation und Bauernkrieg aus der Sicht des Rheingaus. In: Hessisches Jahrbuch für Landesgeschichte 33, 1983, S. 101–144.

7   Zit. nach: Struck, 1964, S. 61.

8   Ebd.

9   Renkhoff, 1980, S. 334.

ERHARD SCHNEPF (1495 HEILBRONN – 1558 JENA). DER REFORMATOR NASSAU-WEILBURGS

Erhard Schnepf bekannte sich früh zu den neuen Lehren. Durch seine Tätigkeit an drei Universitäten und in drei Territorien war er einer der sehr wichtigen, aber heute meist vergessenen Theologen, die die neuen Ideen verbreiteten und umsetzten. Der erste Herrscher, der ihn zu sich holte, war 1526 Graf Philipp von Nassau-Weilburg.

Erhard Schnepf.
Kupferstich aus dem
17. Jahrhundert.

Der Schuhmachersohn aus der Reichsstadt Heilbronn ging schon mit 13 Jahren nach Erfurt zum Studieren, später wechselte er nach Heidelberg. In Heidelberg erlebte er 1518 die Disputation Martin Luthers mit und wandte sich begeistert seinen Ideen zu. Ab 1520 predigte er im evangelischen Sinne in Weinsberg (Württemberg). Dort konnte er jedoch nicht lange bleiben, weil in Württemberg das Wormser Edikt streng gehandhabt wurde, welches die neue Lehre untersagte. So wich Erhard Schnepf in die Reichsstadt Wimpfen aus, wo er wiederum als Prediger wirkte und gemeinsam mit anderen Theologen eine Schrift über das richtige Verständnis des Abendmahls verfasste, die in einem Druck aus Oberursel auch in der Hochschul- und Landesbibliothek RheinMain erhalten ist.

Ab 1524 zog Graf Philipp von Nassau-Zweibrücken, Herr von Weilburg und Usingen, Erhard Schnepf zu Rat, 1526 nahm er den mittlerweile verheirateten Pfarrer in seinen Dienst. Schnepf sollte sein Territorium reformieren, hatte es aber nicht leicht. Schon bei der ersten Disputation, die im Haus des Stiftsdechanten angesetzt war, wurde ihm, wie er sich in einem Brief beklagte, der schlechteste Wein des ganzen Chorherrenstiftes angeboten. Außerdem war Schnepf entsetzt über die Frechheit und geringe Bibelkenntnis des Herrn Stiftsde-

chanten. Gleichwohl beugte sich das Stift seinen Argumenten nicht, „nicht einmal [die] Erlaubnis zum Verkauf der goldenen und silbernen Götzen, die man zu papistischen Possen gebraucht", wollte es erteilen. Schnepf musste sogar in „seiner" Kirche einen Vertreter des alten Glaubens Messen lesen lassen, außerdem beklagte er sich, dass ihm sein Gehalt vorenthalten würde. Aus Mainz und Trier erhielt Graf Philipp Schreiben gegen Schnepf, weshalb der Graf den Pfarrer in einem Brief verteidigte – aber in seinem eigenen Territorium konnte sich der Graf auch deshalb nicht durchsetzen, weil sein Großonkel Johann Ludwig von Nassau-Saarbrücken bis 1545 Kurator und Mitregent in Nassau-Weilburg war und gut katholisch blieb. Als die Weilburger schließlich erfuhren, dass Schnepf in die Dienste von Landgraf Philipp von Hessen wechseln würde, war die Reaktion der Bevölkerung laut Julius Hartmann gemischt: Die Altgläubigen zogen während des Gottesdienstes mit Trommeln „tumultarisch" um die Kirche, während sich die Evangelischen auf eine „stille Versammlung" beschränkten.

Ab 1528 lehrte und predigte Erhard Schnepf auf Bitten des Landgrafen Philipp von Hessen an der neu gegründeten Universität Marburg. Außerdem beriet er Landgraf Philipp bei der Umsetzung der neuen Lehre.

Auf Betreiben des Landgrafen Philipp von Hessen kam Erhard Schnepf 1534 nach Württemberg, wo Herzog Ulrich versuchte, die beiden, sich jetzt klar unterscheidenden reformatorischen Lehren Luthers und Calvins, zu integrieren. Hauptstreitpunkt war das Verständnis des Abendmahls und vor allem die Frage, ob auch Ungläubige beim Abendmahl den wahren Leib Christi empfangen würden. Dem die lutherische Auffassung vertretenden Schnepf stellte Herzog Ulrich Ambrosius Blarer an die Seite, der für die schweizerische Lehre stand, sich aber auf eine gemeinsame Erklärung mit Schnepf einließ. Schnepf wirkte bis 1548 in Württemberg, unter anderem an der Universität Tübingen. Nach seiner Entlassung aus allen Ämtern, weil er gegen das Augsburger Interim Widerstand leistete, ging er nach Jena. Er blieb sein Leben lang ein streitbarer Theologe.

Literatur:
- Ehmer, Hermann: Erhard Schnepf und die Reformation in Württemberg. In: Hermle, Siegfried: Reformationsgeschichte Württembergs in Portraits. Holzgerlingen, 1999, S. 255–288.
- Hartmann, Julius: Erhard Schnepf, der Reformator in Schwaben, Nassau, Hessen und Thüringen. Aus den Quellen dargestellt. Tübingen, 1870.
- Schmidt, Wilhelm: Der Weilburger Reformator Dr. Erhard Schnepf (01.11.1495–01.11.1558). Ein Lebensbild. O. O., 1995.

DIE REFORMATION IM „LÄNDCHEN"

*Blick auf das „Ländchen":
Breckenheim im Januar.*

Jahrhundertelang gehörten ein paar der heute zu Wiesbaden eingemeindeten Ortschaften nicht zu Nassau: Breckenheim, Delkenheim, Igstadt, Medenbach und Nordenstadt waren Teile der Landgrafschaft Hessen und wurden daher schon 1526 per Dekret lutherisch. Hessisch waren diese Orte damals auch noch nicht lange; viele Einheimische wissen, dass ihr Gebiet „eigentlich" eppsteinisch war. Genauer gesagt, gehörten sie seit der Teilung der Eppsteiner Lande zur Linie derer von Eppstein-Münzenberg. Diese hatten sich am Ende des 15. Jahrhunderts so verschuldet, dass sie ihren Besitz nach und nach verkaufen mussten. So kamen 1492 die oben genannten Dörfer zur Landgrafschaft Hessen.

Philipp der Großmütige

Der Herrscher über die Landgrafschaft Hessen war einer der wichtigsten Politiker der Reformationszeit: Philipp, Landgraf von Hessen (1504 – 1567), genannt der Großmütige.[1]

Sein Vater erlag der Syphilis, als er selbst erst vier Jahre alt war. Um die Regentschaft brach ein Streit zwischen seiner Mutter und den hessischen Landständen aus, der erst beendet wurde, als seine Mutter den 13-jährigen Jungen vom Kaiser für mündig erklären ließ. Ab diesem Zeitpunkt regierte er, und seine Bedeutung für die Reformationszeit ist kaum zu überschätzen: Er begeisterte sich für Luthers Lehre, förderte ab 1524 protestantische Prediger und ließ 1526 sein Territorium auf der Homberger Synode reformieren. Damit war der erste große Flächenstaat lutherisch geworden. Seine Landgrafschaft stellte die Verbindung zwischen zwei weiteren wichtigen protestantischen Territorien her: Sachsen und Württemberg. Der sächsische Kurfürst und er führten den Schmalkaldischen Bund an, seit 1530 das militärische Bündnis der protestantischen Städte, Grafen und Fürsten. Dass Württemberg überhaupt evangelisch wurde, ist auch zu einem guten Teil Philipp dem Großmütigen zu verdanken, denn nur mit seiner militärischen Hilfe konnte der (pro-evangelische) Graf Ulrich von Württemberg 1534 die (katholischen) Habsburger aus Württemberg zurückdrängen, die seit der Vertreibung Ulrichs aus Württemberg 1519 dort regiert hatten. Später zog sich Philipp aus den Konflikten zwischen Protestanten und Katholiken zurück, denn er war eine zweite Ehe eingegangen, während seine erste rechtmäßige Ehefrau noch lebte. Diese Episode wirkt aus heutiger Sicht zunächst bizarr. Philipps Beweggründe für seine Handlung sind erklärungsbedürftig. Er heiratete eine weitere Frau, um nicht mehr Ehebruch zu begehen. Seine häufigen außerehelichen Beziehungen erklärte er damit, dass er einen dritten Hoden habe, weshalb er einen besonders starken Geschlechtstrieb

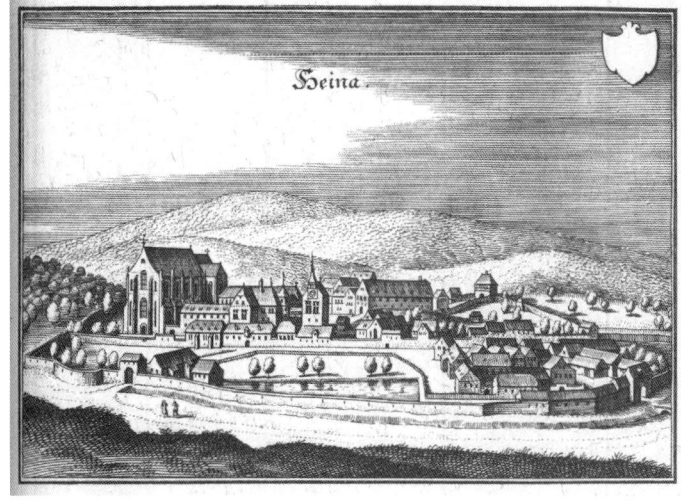

Haina, Darstellung in der Topografie Hessen von Matthäus Merian, 1655. Das ehemalige Kloster wurde von Philipp dem Großmütigen aufgelöst und gemeinsam mit drei anderen Klöstern zu landesherrlichen Spitälern umgewandelt.

habe. In einer Zeit, in der viele Menschen neu über die Ehe und Ehegesetze nachdachten, erkor Philipp sich die Erzväter des Alten Testamentes als Vorbild aus. Die Bibel berichtet von vielen Männern, die mehr als eine Frau hatten. Die Reformation war eine Bewegung „zurück zur Bibel" – warum nicht auch in diesem Punkt? Philipp erklärte, seine erste Frau, die er aus politischen Gründen als junger Mann geheiratet hatte, sei zwar fromm, aber sehr hässlich. Deswegen besuche er immer andere Frauen. Und er litt darunter. Letzteres muss man ihm glauben. Ehebruch verstand er als eine große Sünde. Deswegen hielt er sich nicht für würdig, das Abendmahl zu empfangen – und das über viele Jahre. Für einen gläubigen Menschen des 16. Jahrhunderts war das schlimm. Ohne Beichte und Abendmahl zu sterben konnte ihm ewige Verdammnis bedeuten. Und als Feldherr war er dem Tod oft besonders nahe. Aber Philipp hielt sich für einen Sünder, für den es keine Rettung geben würde – wenn die Ehebrecherei nicht aufhören würde. Dies erklärte er auch den Reformatoren schriftlich, denn er wollte gerne deren theologische Zustimmung zu dieser zweiten Ehe erhalten. Man kann Luthers Antwort auch als Zustimmung zu einer zweiten Ehe verstehen – und Melanchthon war auf der Hochzeit sogar dabei. Damit war Philipp allerdings erneut in eine schwierige Lage gekommen, denn auf Bigamie konnte der Kaiser die Todesstrafe verhängen. Dafür, dass dieses Delikt nicht verfolgt wurde, musste sich Philipp aus allen weiteren protestantischen Allianzen und Aktionen heraushalten, was die protestantische Seite erheblich schwächte. Sein Verdienst bleibt es aber unter anderem, die erste protestantische Universität gegründet und eine erste flächendeckende Sozialgesetzgebung erlassen zu haben.

ELISABETH VON THÜRINGEN (1207–1231 MARBURG). WUNDER IM WIESBADENER BAD

Elisabeth von Thüringens Leben war außergewöhnlich. Außergewöhnlich war auch ihre Wirkung nach ihrem Tod. Für ihre aufsehenerregend schnelle Heiligsprechung wurde ihr unter anderem ein Wunder in Wiesbaden angerechnet. Elisabeths Grab in Marburg pflegte der Deutsche Orden, bis ihre verbliebenen Gebeine in der Reformation versteckt wurden.

Elisabeth, Tochter des ungarischen Königs, wurde schon im Alter von vier Jahren mit dem damals elfjährigen Erben des Landgrafen von Thüringen verlobt. Als kleines Kind kam sie an den dortigen Hof. Als ihr Verlobter starb, wollte man sie schon zurückschicken, weil sie mittlerweile als politische Verbindung nicht mehr attraktiv war. Da verliebte sich der Bruder des verstorbenen Erben in sie, wurde 1218 volljährig und verheiratete sich 1221 mit ihr. Elisabeth war zu diesem Zeitpunkt 14 Jahre alt. Sie wandte sich in den folgenden Jahren immer mehr der Kirche zu, insbesondere ihrem Beichtvater Konrad von Marburg, und verwandte viel Geld und Mühe für die Nächstenliebe. Ihre Hingabe zu Armen, Kranken und Bedürftigen erregte bei Hof großes Missfallen. Nach dem Tod ihres Mannes 1227 versuchte die Verwandtschaft zunächst, ihr ihr Wittum vorzuenthalten. Mit ihren Kindern suchte sie bei anderen Verwandten Zuflucht, bevor sie 1229 nach Marburg ging. Sie gab ihr Vermögen nahezu vollständig für die Armen aus und starb 1231 arm, krank, ausgezehrt.

Elisabeths Leben war kurz, und darum haben sich die Fakten auch schnell erzählt. Anders ist es mit der Bewertung ihrer Persönlichkeit, ihres Glaubens und ihres Verhältnisses zu ihrem Beichtvater. Viele Zeitgenossen nahmen sie nicht ernst. Ihr Verhältnis zu Konrad wurde als sexuelles gedeutet. Sie wurde diffamiert und setzte sich zur Wehr. Auch mit Konrad hatte sie heftige Auseinandersetzungen, weil dieser sie in ihrem Engagement bremsen wollte. Das tat ihrer Popularität keinen Abbruch. Mit ihrem Tod setzte sofort eine intensive Verehrung ihrer Person ein. Noch vor der Beerdigung rissen die Menschen Teile ihres Leichentuchs ab, schnitten dem aufgebahrten Leichnam Haare und Nägel ab und den Berichten zufolge sogar mehr. Konrad von Marburg betrieb nun ihre Heiligsprechung, die zu den schnellsten Heiligsprechungen der Geschichte zählt. Schon an Pfingsten 1235 war sie abgeschlossen. Dazu wurden in zwei Unternehmungen erst 105, dann 24 Wunder protokolliert und überprüft, und das Wunder Nr. 49 aus der ersten Sammlung ereignete sich in Wiesbaden. Der Titel verrät, worum es ging: *„De viro submerso vivificato"* – „Über einen ertrunkenen und wieder lebendig gewordenen Mann". Nachdem er wüste Beschimpfungen ausgestoßen hatte, wurde dieser Mann tot aus dem trüben Wasser der Bäder gefischt, und wieder lebendig, nachdem man Elisabeth angerufen hatte.

Darstellung der Heiligen in der Elisabethkirche in Marburg.

1235–1258 ließ der Deutsche Orden die auch kunsthistorisch hoch bedeutende Elisabethkirche in Marburg erbauen, die sofort zu einem wichtigen Wallfahrtsort wurde. Elisabeths Gebeine wurden in einem goldenen Schrein am Hochaltar gezeigt, allerdings nicht vollständig, denn die Reliquien waren sehr begehrt. Unter anderem führte Elisabeths Tochter eine Rippe der Mutter stets mit sich. Ein Büßerhemd Elisabeths kam nach Kloster Tiefenthal und von da in die Kirche St. Martin in Oberwalluf. Reliquien hatten im Mittelalter eine immense Bedeutung. Sie waren konkret und spirituell gleichzeitig. In ihrer Nähe zu sein, sie verehren oder besitzen zu dürfen, war vielen Menschen sehr viel wert. Das veränderte die Reformation. Landgraf Philipp von Hessen beendete die Elisabethverehrung daher auch recht rabiat: Er ließ ihre Gebeine aus der Kirche entfernen. Die Menschen sollten ihr Verhältnis zu Gott selbst klären.

Literatur:

• 700 Jahre Elisabethkirche in Marburg 1283–1983. Katalog zur Ausstellung der Universitätsbibliothek Marburg 1983. Marburg, 1983.
• Czysz, Walter: Vom Römerbad zur Weltkurstadt. Geschichte der Wiesbadener heißen Quellen und Bäder. Wiesbaden, 2000.
• Huyskens, Albert: Quellenstudien zur Geschichte der hl. Elisabeth, Landgräfin von Thüringen. Marburg, 1908.

Das Ende der Elisabeth-Verehrung im protestantischen Hessen

Elisabeth von Thüringen wurde in Marburg besonders verehrt (s. Kasten „Elisabeth von Thüringen"). In der Elisabethkirche war ein Großteil ihrer Reliquien ausgestellt, behütet und verwaltet vom Deutschen Orden. Der Deutsche Orden hatte in Wiesbaden und in seinen heutigen Vororten wie in vielen Gegenden Deutschlands großen Einfluss. Deswegen soll hier noch eine kleine Episode aus der hessischen Reformationsgeschichte erzählt werden, die zwar keinen direkten Bezug zu Wiesbaden oder dem Ländchen aufweist – aber sehr deutlich macht, was die Reformation im Kleinen alles bewirkte, neben den bekannten großen Änderungen in Theologie, Kirche, Bildungs- und Sozialwesen.

Philipp der Großmütige entfernte im Mai 1539 die Gebeine der Hl. Elisabeth aus der Kirche und nahm sie an sich.[2] Er tat dies in Anwesenheit vieler Würdenträger aus Staat

Philipp der Großmütige in einer Darstellung in Haina. Auf dem sogenannten Philippstein in Haina ließ er sich gemeinsam mit seiner Ahnfrau Elisabeth von Thüringen darstellen. Eine gierige Harpyie symbolisiert das Mönchtum. Damit demonstrierte Philipp, dass die Umwandlung der Klöster in Spitäler in Einklang mit dem Willen der Hl. Elisabeth steht. Steinrelief von 1542.

und Kirche und unter dem Protest des zuständigen Deutschordenskomturs, Wolfgang Schutzbar. Philipps Ziel war ein doppeltes: Er wollte der Wallfahrt und der Reliquienverehrung die Grundlage entziehen, und er wollte den Deutschen Orden schwächen. Die meisten Überreste waren in kleinen Kästchen versiegelt. Elisabeths Schädel war in einem eigenen, besonders kostbaren Reliquienkästchen verwahrt, und auch das nahm der Landgraf mit. Einige Tage später ließ er das nun leere Kopfreliquiar wieder dem Deutschordenshaus zustellen. Bereichern wollte er sich ja nicht. Der Deutschordenskomtur klagte daraufhin beim Kaiser auf Herausgabe der Reliquien, vergeblich. Philipp erklärte, eine Rückgabe sei unmöglich, weil er die Gebeine auf dem Michaelsfriedhof nahe der Kirche habe verstreuen lassen. Das wäre übrigens sehr unschön gewesen, bedeutete, Gebeine zu verstreuen, doch, die leibliche Auferstehung am Jüngsten Tag unmöglich zu machen. Nur Verbrechern tat man das an. Philipps Statthalter Georg von Kolmatsch bestätigte diese Angabe allerdings: Er selbst habe die Gebeine verstreut.

Wenige Jahre später wendete sich das Blatt für Landgraf Philipp. Der Schmalkaldische Krieg (s. folgendes Kapitel) endete mit der Niederlage der Protestanten und der Gefangennahme unter anderem Landgraf Philipps. Der Kaiser knüpfte, auf Betreiben des Deutschen Ordens, Philipps Freilassung unter anderem an die Herausgabe der Gebeine Elisabeths – an die Zerstreuung glaubte der Deutsche Orden nicht. Und es kam, wie es in einer guten Geschichte kommen muss: Schließlich gab Philipps Statthalter zu, die Knochen entgegen Philipps Anweisungen doch verwahrt zu haben, und bot an, sie von seinem Schloss Wommen an der Werra zurückzuholen. Am 12. Juli 1548 übergab er dem Deutschen Orden ein Haupt mit einem Kinnbacken, fünf kleine und große Röhrenknochen, eine Rippe, zwei Schulterbeine und einen weiteren breiten Knochen.[3] Dabei legte er einen Eid ab, dass das die Gebeine der Hl. Elisabeth seien. Sie kehrten in einen Sakristeischrank in die Kirche St. Elisabeth in Marburg zurück. Über ihren weiteren Verbleib gibt es nur Gerüchte.

Upstairs. Karitatives Engagement sieht heute anders aus als vor 500 Jahren. Vor dem Wiesbadener Hauptbahnhof steht der aus Spenden finanzierte Bus „Upstairs" von EVIM, eine erste Anlaufstelle für hilfesuchende Kinder und Jugendliche.

Reformationsgeschehen im „Ländchen"

Der Beschluss von 1526, die Reformation einzuführen, hatte in den kleinen Ortschaften in der Nähe Wiesbadens offenbar nicht sofort Auswirkungen. Es gab ja gar nicht genug Pfarrer, die im neuen Glauben versiert waren, um alle Gemeinden zu versorgen. So wurden die meisten Gemeinden wahrscheinlich erst dann evangelisch, wenn Einzelne sich entschieden für Veränderungen einsetzten, oder wenn der katholische Pfarrer wegzog oder starb. Aber auch dann bekamen, wie die Einzeluntersuchungen zeigen, nicht sofort alle Kirchen einen neuen Pfarrer. Der lutherische Pfarrer Johann Göckel musste in den 1530er Jahren gleich drei ehemals selbstständige Gemeinden versorgen: Ab 1531 war er für Igstadt, Medenbach und Nordenstadt zuständig. Das bedeutete lange Wege und mehr Arbeit, auch wenn zahlreiche Verpflichtungen zum Messelesen wegfielen, denn die sonntägliche Predigt, das heißt die Verkündigung und Auslegung der Bibel, wurde zur zentralen Aufgabe für die Protestanten.

Der erste evangelische Pfarrer in Nordenstadt und ein neues Altarkreuz

1528 trat der erste evangelische Pfarrer in Nordenstadt seinen Dienst an:[4] Philipp Weycker folgte dem letzten katholischen Pfarrer Johann Biedenkapp. Die Rechtsverhältnisse im Dorf waren damals noch kompliziert: Außer dem hessischen Landgrafen hatten

noch die Herren von Kronberg und die Nassauer Grafen weltliche Rechte in Nordenstadt. In der zweiten Hälfte des 16. Jahrhunderts stellten die Leibeigenen der Nassauer Grafen sogar die Hälfte aller Einwohner Nordenstadts. Das Mainzer Domkapitel war im Besitz des Kollaturrechtes, durfte also den Pfarrer vorschlagen. Dennoch konnte offenbar ein evangelischer Pfarrer eingesetzt werden. Das Verhältnis blieb jedoch angespannt. 1540 klagte Weycker, die Domherren würden den ihm selbst zustehenden Anteil an den Abgaben nicht herausgeben. 1549 drohte der Landgraf den Domherren, falls sie den Anteil für den Pfarrherrn wieder nicht auszahlen sollten, werde der Zehnte gleich einbehalten. Weycker wohnte damals in seinem eigenen Haus, denn das Pfarrhaus war ganz verfallen – obwohl Nordenstadt verglichen mit den anderen Dörfern die Pfarrei mit den besten Einkünften war.

Im Laufe des Jahrhunderts wurden dann die Rechtsverhältnisse vereinfacht und zentralisiert: Zwischen 1580 und 1590 erwarb Hessen alle weltlichen Rechte für sich. 1609 brachte es das Kollaturrecht an sich und trug so zur Bildung eines geschlossenen Flächenstaates bei.

Nordenstadt, Altarkruzifix in der evangelischen Kirche. Es könnte das älteste erhaltene nachreformatorische Kruzifix der Landgrafschaft Hessen sein.

In der verhältnismäßig ruhigen Zeit zwischen dem Ende des Augsburger Interims (1552) und dem Beginn des Dreißigjährigen Krieges (1618) erhielt Nordenstadt ein neues Altarkruzifix. Die großen Bildaufbauten, die Retabeln, wurden von den Altären entfernt, und an ihre Stelle trat oft ein Kruzifix. Der Kunsthistoriker Frank Schmidt zeigt, dass das „Bild des gekreuzigten Erlösers […] das vornehmste und in der Landgrafschaft Hessen-Darmstadt oft auch das einzige Bildwerk der lutherischen Gotteshäuser"[5] war. Er hat das Nordenstädter Kruzifix zuletzt in die 1570er/1580er Jahre eingeordnet, entgegen der bisherigen Datierung ins 18. Jahrhundert. Schmidt hält es daher für das „älteste nachreformatorische Kruzifix der Landgrafschaft."[6] Nordenstadt hat hier einen ganz besonderen Schatz.

Johann Göckel in Medenbach

Medenbach war erst 1491 zu einer eigenen Pfarrei geworden (s. Kapitel „Wiesbaden vor 500 Jahren"). Das Dorf und auch das Pfarrhaus waren 1518 bei einer Brandschatzung zerstört worden, wobei das Pfarrhaus 1528 mit Mitteln des Mainzer Domkapitels wieder aufgebaut wurde.[7] Der letzte katholische Pfarrer von Medenbach, Bernhard von Praunheim, hat das schon nicht mehr miterlebt, denn er hatte die Gemeinde 1527 verlassen. So war das Dorf nun wieder ohne eigenen Pfarrer. 1531 trat Johann Göckel seinen Dienst an. Neben Medenbach musste er auch Nordenstadt und Igstadt versorgen. Erst 1540 wurde wieder ein eigener Pfarrer in Medenbach tätig.

Medenbach mit der evangelischen Kirche.

Schmales Einkommen in Breckenheim

In Breckenheim übte das Stift Bleidenstadt weiterhin sein Kollaturrecht aus. Es zog Zehntabgaben ein, und andere Abgaben gingen direkt an die Pfarrei. Dennoch muss gerade die Breckenheimer Pfarrstelle eher ärmlich gewesen sein. Erhalten sind Klagen von Pfarrer Leucius aus dem Jahr 1568 und erneut aus dem Jahr 1592.

Igstadt: Kleriker vor verschlossenen Türen

Über die Reformationsereignisse in Igstadt sind wir gut unterrichtet.[8] Sie zeigen einen Konflikt auf Dorfebene, den man sich auch heute noch lebhaft vorstellen kann: Igstadts Pfarrer Michel, der letzte katholische Priester, starb 1532. Das Kloster Altenmünster in Mainz hatte das Recht der Stellenbesetzung inne und wollte dieses Recht auch wahrnehmen. Es schickte zwei Kleriker los, die einen dritten Geistlichen dort einsetzen sollten – und fanden sich vor verschlossenen Türen wieder! Der zuständige hessische Amtmann, Helwig von Lehrpach, hatte die Kirche verschlossen und machte so die Einsetzung des katholischen Pfarrers unmöglich. Stattdessen beauftragte er den Nordenstadter Pfarrer Göckel, auch Igstadt mit Gottesdiensten, Sakramenten und Kasualien zu versorgen. Das wollte Altenmünster freilich nicht hinnehmen und veranlasste ein entsprechendes

Schreiben des Mainzer Erzbischofs an den Landgrafen, das auf den 7. Januar 1535 datiert ist. Der damalige Mainzer Erzbischof Johann Albrecht III. war ein Neffe des Landgrafen, und der hessische Onkel gab seinem Neffen eine Antwort, die wohl letztlich das Stellenbesetzungsrecht von Altenmünster in Zweifel zog. 1538 erzielten beide Parteien eine Einigung: Altenmünster durfte den Pfarrer ernennen, aber er musste lutherisch sein. Jedoch konnte man so schnell keinen neuen Pfarrer gewinnen, denn erst ab 1546 ist der erste evangelische Pfarrer in Igstadt nachgewiesen:[9] Sebastian Thorn. Er war bis mindestens 1550 hier tätig.

Umwandlung der Einkünfte der Altäre

Universität Marburg. Die ersten Gebäude der Universität waren die aufgehobenen Klöster der Dominikaner und der Franziskaner sowie das Haus der Kugelherren.

Philipp der Großmütige gründete schon 1527 die Universität in Marburg, als erste landesherrliche, protestantische Universität, an der er Pfarrer und Theologen für sein Land ausbilden, aber auch alle anderen Wissenschaften lehren ließ. Die Ausbildung der Studenten bezuschusste er durch Stipendien, für die er kirchliche Einkünfte verwendete. Das wurde in anderen protestantischen Territorien dann übrigens auch so gemacht, und auch in der Herrschaft Wiesbaden-Idstein ist die Umwidmung von Altar- und Kircheneinkünften für die Bildung zu belegen. Als Beispiel aus dem ehemals eppsteinischen Ländchen sei hier der Katharinenaltar in Igstadt genannt. Gemäß eines Freiheitsbriefes von Landgraf Philipp vom 31. August 1529 sollten die Einkünfte des Katharinenaltares für Stipendien in Marburg verwendet werden. Es handelte sich dabei um die ansehnliche Summe von 25 Maltern Korn jährlich. Für 1556 ist bekannt, dass sie ein junger Mann aus Wallau, „Lamprech Wolffen Sohn", bekam. Dieser starb allerdings noch im selben Jahr, und im Folgejahr durfte die Gemeinde die Einkünfte aus dem Korn ausnahmsweise für Bauarbeiten an der Kirche verwenden.

Anmerkungen zum Kapitel

1   Heinemeyer, Walter (Hg.): Philipp der Großmütige und die Reformation in Hessen. Gesammelte Aufsätze zur hessischen Reformationsgeschichte. Marburg, 1997; Stienicka, Norbert

(Hg.): „Mit dem Glauben Staat machen." Beiträge zum Evangelischen Philipps-Jahr 2004. Darmstadt und Kassel, 2005.

2 Dickmann, Friedrich: Das Schicksal der Elisabethreliquien. In: 700 Jahre Elisabethkirche in Marburg 1283–1983. Katalog zur Ausstellung der Universitätsbibliothek Marburg 1983. Marburg, 1983, S. 35–38.

3 Dickmann, in: 700 Jahre Elisabethkirche, 1983, S. 36.

4 Gemeindevorstand der Gemeinde Nordenstadt (Hg.): 1025 Jahre Gemeinde Nordenstadt. Wallau, 1975, o. P.; Heyne, W.: Das Kirchen- und Pfarrvermögen der Gemeinde Nordenstadt. Gedruckte Fassung eines Vortrags im Leseverein Nordenstadt. Wiesbaden, 1904. Im historischen Ortslexikon Hessen wird Philipp Weycker für die Jahre 1538 bis 1580 (!) als erster evangelischer Pfarrer Nordenstadts genannt, nicht schon für 1528. „Nordenstadt, Stadt Wiesbaden". In: Historisches Ortslexikon <www.lagis-hessen.de/de/subjects/idrec/sn/ol/id/11163> (Stand: 16.11.2016). Da andererseits Johann Göckel für die Jahre ab 1531 gut belegt ist, sind wir geneigt, für Weycker die frühere Datierung anzunehmen.

5 Schmidt, Frank: Kirchenbau und Kirchenausstattung in der Landgrafschaft Hessen-Darmstadt von der Reformation bis 1803. Diss., Heidelberg, 1993, 2 Bde., hier Bd. 1, S. 225.

6 Schmidt, 1993, Bd. 1, S. 230 f.

7 Gemeinde Medenbach (Hg.): Chronik der Gemeinde Medenbach. Herausgegeben nach der Eingemeindung der Gemeinde Medenbach zur Landeshauptstadt Wiesbaden. Wiesbaden-Erbenheim, 1984; „Medenbach, Stadt Wiesbaden". In: Historisches Ortslexikon <www.lagis-hessen.de/de/subjects/idrec/sn/ol/id/11162> (Stand: 6.4.2017); Wolf, 1997, S. 81 f.; Sommer, Günter Fr. Chr.: Medenbacher Tagebuch. 900 Jahre Geschichte der Menschen, der Landschaft und des Dorfes Medenbach (Landeshauptstadt Wiesbaden). Wiesbaden, 2006.

8 Heimat- und Geschichtsverein Igstadt (Hg.): Igstadter Geschichte(n). Von den Anfängen bis ins 19. Jahrhundert. Chronik 1. Wiesbaden, 2008 und: „Igstadt, Stadt Wiesbaden". In: Historisches Ortslexikon <www.lagis-hessen.de/de/subjects/idrec/sn/ol/id/11151> (Stand: 16.11.2016).

9 Möglicherweise gab es vorher, ab 1535, schon einen lutherischen Geistlichen namens Jakob Geise in Igstadt. Heimat- und Geschichtsverein Igstadt, 2008.

℞ REFORMATIONSGESCHEHEN IN WIESBADEN UND UMGEBUNG

Jahrzehntelang war das Reformationsgeschehen in der Herrschaft Idstein-Wiesbaden kein einheitlicher, gelenkter Vorgang. In der Rückschau kann man aus den erhaltenen Quellen das Mosaik eines vielfältigen Prozesses zusammensetzen, in dem mal Einzelpersonen, mal Gemeinden, mal Herrscher und Edelmänner, mal Bürger, Gemeinden und Pfarrer die treibenden Kräfte waren. Als Patronatsherren hatten Einzelne große Einflussmöglichkeiten in den Kirchen – aber auch die Gemeinden konnten durch Bitten und Beschwerden viel erreichen. So waren ab Ende der 1530er Jahre wahrscheinlich in den meisten Kirchen Gottesdienste nach dem neuen Ritus üblich. Mit dem Augsburger Interim (1548–1552) sollten die Neuerungen rückgängig gemacht werden, was aber bis auf eine Personalie hier in Wiesbaden nicht durchgesetzt wurde. Zu einem ersten Abschluss kam die Reformation in Idstein-Wiesbaden mit Ordnungsbemühungen ab 1553 und einer Kirchenordnung 1559, allerdings sind auch aus den Jahren danach noch zahlreiche Quellen erhalten, in denen kirchliche Angelegenheiten diskutiert werden. Außer den historischen Darstellungen widmen wir uns immer wieder der Frage, wie sich die Veränderungen im Detail und konkret auswirkten.

Lutherdarstellung in der Wiesbadener Bergkirche.

Ein Beispiel für Veränderungen: Prozessionen

Dass die Reformation in Wiesbaden-Idstein viele Quellen hat und nicht planvoll vonstatten ging, zeigt sich in vielen Einzelbefunden. Ein spannendes Beispiel hierfür sind Prozessionen.

Wie im Kapitel „Wiesbaden vor 500 Jahren" erwähnt, veranstalteten die Wiesbadener jedes Jahr drei größere Prozessionen, bei denen der Graf anschließend für einen Umtrunk oder ein Essen zahlte.[1] Im Februar 1524 ordnete Graf Philipp der Altherr jedoch an, künftig kein Essen mehr nach der Prozession am Margarethentag zum Kloster Klarenthal auszurichten, sondern jedem, der an dem Essen hätte teilnehmen dürfen, zwei Albus als Zehrgeld auszuzahlen. 24 Albus waren einen Gulden wert, die Zahlung war also nicht völlig belanglos. Überdies gab die Stadt ihren eigenen Gerichtsmännern noch einen weiteren Albus drauf. Diese Zahlungen sind aus den Jahren 1524, 1530 und 1533 belegt. Auch die Ausgaben nach den beiden anderen Prozessionen wurden durch Zahlungen ersetzt. Nach 1533 hören die Nachrichten darüber einfach auf. Dieser Befund ist unseres Erachtens typisch für das Reformationsgeschehen in Wiesbaden: Manches verschwand einfach.

Die erste Entscheidung des Grafen, die Umwandlung der Naturalien in ein Zehrgeld, könnte verwaltungstechnisch bedingt gewesen sein: Es war weniger aufwendig. Vielleicht war es sogar etwas preiswerter oder wenigstens besser kalkulierbar. Theologische Überlegungen dürften für diese Entscheidung keine Rolle gespielt haben. Solch eine Entscheidung hat aber sehr wohl religionspraktische Auswirkungen: Wenn die Leute nun Geld bekamen, und kein Essen, für das man ja anwesend sein musste, um es zu genießen, konnten sie dann vielleicht auch wegbleiben? Sollte es denn dann noch ein gemeinsames Essen vor der Burg geben? Hatte überhaupt jemand Tische aufgebaut? Und wenn nicht, sollte man dann trotzdem an der Prozession teilnehmen? Es war Juli, und heiß, und weit... Und vielleicht hatte man schon gehört, dass manche Reformatoren Vorbehalte gegen Prozessionen hatten? Gab es vielleicht einen Kaplan oder Schultheißen, der der Prozession aus Überzeugung fernblieb? Wolf Denthener, der evangelische Pfarrer von St. Mauritius ab 1543, wird bestimmt keine Prozession mehr veranlasst haben – und vielleicht waren sie bei seinem Amtsantritt schon „ausgestorben".

KLOSTER KLARENTHAL (1298 – 1559). DIE KLARISSEN HINTER DER STADT

König Adolf von Nassau (vor 1250 – 1298) stiftete 1298 mit seiner Frau Imagina (um 1255 – 1318) ein Klarissenkloster im Wellritztal hinter Wiesbaden. Seine Nonnen, Äbtissinnen und Laienangehörigen kamen meist aus der unmittelbaren Umgebung. Mit Verlusten im Zuge der Mainzer Stiftsfehde 1461 setzte für das Kloster eine Phase wirtschaftlichen Niedergangs ein, der eine langsame Auflösung folgte.

Vom Kloster Klarenthal ist außer Archivgut wenig überliefert. Heinrich Dors gab 1632 Zeichnungen der Grabplatten und Fresken aus Kirche und Kreuzgang heraus, die erhalten sind. Ein Teil der Ausstattung der Kirche gelangte mit den letzten Nonnen nach Kloster Walsdorf, anderes wurde nach St. Mauritius verbracht. In beiden Fällen gingen die Objekte verloren. Die Gebäude verfielen, wurden umgenutzt, abgebrochen. Aber aus den erhaltenen Archivalien lässt sich die Geschichte des Klosters ausgesprochen gut rekonstruieren.

Die Frauen um König Adolf, seine Mutter, seine Ehefrau, seine Schwester und Tochter, standen dem Klarissenorden nahe und insbesondere dem Reichsklarakloster in Mainz. In Abgrenzung zu diesem wurde das Kloster Klarenthal oft „Neues Kloster" genannt. König Adolf stattete es mit Höfen in Biebrich und Mosbach aus, und nach und nach konnte das Kloster auch weiteren Besitz erwerben. Seine Blütezeit erlebte es in der ersten Hälfte des 15. Jahrhunderts unter Paze von Lindau (Abbatiat 1412? – 1422) und Agnes von Hanau (1422 – 1446).

Klarenthal.

Die Familien von Lindau und von Hanau gehörten zum regionalen Adel. Sehr viele Nonnen und Äbtissinnen kamen aus den Adelsfamilien der Umgebung. Klarenthal war also auch, wie viele Klöster, ein Versorgungsinstitut für unverheiratete Töchter. Damit stellt sich die Frage nach der theologischen Beurteilung Klarenthals. War es ein Kloster, dessen Angehörige sich aus freiem Willen einem Leben in Kontemplation, Armut, Keuschheit und Gehorsamkeit weihten? Gerade Klarissenklöster hatten mit dem Armutsideal zu kämpfen, das immer wieder aufgeweicht wurde. Schließlich durften Klarissen sogar über Geld und Gut verfügen, das nach ihrem Tod nicht ans Kloster fiel, sondern wieder an die Familien zurückging! Daher bildete sich zu Beginn des 15. Jahrhunderts eine Reformbewegung innerhalb des Ordens (die Observanzbewegung), die eine Rückkehr zum ursprünglichen Armutsideal zum Ziel hatte. Das Reichsklarakloster in Mainz schloss sich dieser Observanzbewegung nicht an. Es ist unwahrscheinlich, dass die Reformen in Klarenthal eingeführt wurden. Der andere fragliche Punkt ist die Freiwilligkeit: Die Entscheidung, Mönch oder Nonne zu werden, muss aus freien Stücken gefällt werden. Manche Mädchen traten jedoch sehr jung ins Kloster ein. Aus Klarenthal ist ein Fall überliefert, in dem ein siebenjähriges

Mädchen als Novizin aufgenommen wurde. Auch wenn man damals viel früher als erwachsen galt als heute – sieben Jahre war auch für die Zeitgenossen sehr jung und eigentlich zu jung für eine freie Entscheidung für ein Leben hinter Klostermauern.

Dennoch ist keine theologische Kritik an Klarenthal überliefert. Es gibt keine negativen Berichte von Visitatoren, keine Kritik aus Wiesbaden und Umgebung und keine Übergriffe im Zuge der Bauernunruhen. Letzteres ist vielleicht das aussagekräftigste Faktum: Die Nonnen hatten Angst, ihr Kloster war ungeschützt und einsam, aber es ist offenbar nicht wie die Rheingauer Klöster geplündert worden. Die Wiesbadener haben „ihr" Kloster nicht angegriffen. Sie waren mit ihm einverstanden.

Seine beste Zeit hatte das Kloster zur Zeit des Bauernkrieges schon hinter sich. Das Jahr 1461 brachte schwere wirtschaftliche Einbußen, als die Klostergüter in Mosbach und Biebrich während der Mainzer Stiftsfehde geplündert wurden. Äbtissin Sophie von Hunolstein (Abbatiat 1486–1508) tätigte für das Kloster äußerst unvorteilhafte Grundstücksverkäufe. Die letzte Äbtissin, Anna Brendel von Homburg (1525–1553), tat, was sie konnte, um die Geschäfte des Klosters am Laufen zu halten. Bis in die 1530er Jahre hinein hatte sie dabei auch starken Rückhalt in Philipp dem Altherrn, der ihre Bitten und Beschwerden aufgriff und versuchte, zu lösen und zu schlichten. Aber sie konnte die Zeitläufe nicht ändern: 1546, im Schmalkaldischen Krieg, plünderten kaiserliche Truppen neben Erbenheim und Kastel auch Klarenthal. Der Wiesbadener Amtmann hatte Bewaffnete zum Schutz geschickt, aber diese konnten gegen die Übermacht der Truppen von Graf Maximilian von Büren nichts ausrichten. 1552 flohen die Nonnen nach Wiesbaden, weil Markgraf Albrecht von Brandenburg-Kulmbach (1522–1157), ein Söldner und Marodeur, die Gegend verwüstete. 1553 erreicht eine Pestwelle das Kloster, der auch Anna Brendel zum Opfer fiel. 1554 ließ Graf Philipp das Klosterarchiv nach Wiesbaden überführen. 1559 löste er das Kloster auf. Die Nonnen, die nicht zu ihren Familien zurückkehrten, zogen nach Kloster Walsdorf.

Literatur:
• Czysz, Walter: Klarenthal bei Wiesbaden. Ein Frauenkloster im Mittelalter. Wiesbaden, 1987.
• Streich, Brigitte: Kloster Klarenthal. In: Magistrat der Landeshauptstadt Wiesbaden (Hg.): Wiesbaden. Das Stadtlexikon. Redaktion: Cornelia Röhlke und Brigitte Streich. Darmstadt, 2017, S. 503 f.

Selbst ist der Herr – und die Herrin: Sonnenberg

„Selbst ist der Herr" sagt man heute, und dieser Spruch trifft nur zu gut auf ein Reformationsgeschehen in Sonnenberg zu.[2] In Sonnenberg lebte Johann von Nassau-Sporkenburg, und dieser war Herr über eine eigene Kapelle, und in seiner Kapelle entschied er selbst, nach welchem Ritus gefeiert werden sollte. Die Familie von Nassau-Sporkenburg gehörte zum niederen Adel. Sie benannte sich nach der Burg Nassau, auf der sie als Burgmannen gedient, und nach der Burg Sporkenburg, die sie 1518 erworben hatten. Über Erbschaften kamen Besitz und Lehen in Sonnenberg auf die Brüder Quirin und Johann von Nassau-Sporkenburg, und nach einer Besitzteilung zwischen ihnen beiden gelangte der Sonnenberger Anteil allein in die Hände von Johann von Sporkenburg-Nassau. Dazu zählte auch die Liebfrauen-/Marienkapelle, die Werner Hut von Sonnenberg, damals Burgmann von Sonnenberg, 1429 hatte erbauen lassen und als Privatkapelle genutzt hatte (s. Kapitel „Wiesbaden vor 500 Jahren"). Johann von Nassau-Sporkenburg traf 1529, hundert Jahre nach der Erbauung, zwei interessante Entscheidungen. Erstens öffnete er die Kapelle für die Allgemeinheit und zweitens ordnete er darin zweierlei Veranstaltungen an: Der Altarist sollte „in der genanten capellen meß lesen und des sontags dem volck das evangelium verkünden"[3]. In der Kapelle sollten also einerseits nach dem alten Ritus Messen gelesen werden und andererseits sollte das hinzukommen, was Kernbestand der Neuerungen war: „dem Volk das Evangelium zu verkünden". Man darf annehmen, dass Ersteres auf Latein, Letzteres auf Deutsch geschah. Johann von Nassau-Sporkenburg war kurtrierischer Hofmeister und kein Parteigänger der Lutheraner. Aber er war offenbar an einer Veränderung und Verbesserung der kirchlichen Verhältnisse interessiert.

Die Ruine der Burg Sporkenburg.

Studium statt Messe: die Sonnenberger Kapelleneinkünfte

Johann von Nassau-Sporkenburg starb 1533 und hinterließ eine Witwe Margarethe und drei Kinder.[4] Witwe Margarethe machte die Bemühungen ihres Mannes insofern rückgängig, als sie die Einkünfte der Kapelle nicht mehr für einen Altaristen verwendete, sondern als „Stipendium", das heißt zum Unterhalt eines Studenten. Der erste Sonnenburger Stipendiat der Marienkapelle war ein gewisser Ludwig Post. 1553 setzte Margarethe einen gewissen Adolf Seelgen als Nutznießer der Kapelleneinkünfte ein. Er kam aus Kloppenheim und war Kleriker im Bistum Trier. Der nächste Stipendiat war ab 1578 Conradt Peter Molnfritz, Sohn des Nassauischen Zolldieners Martin Joachim Molnfritz. Dieser Molnfritz senior stammte bereits aus einer „Beamtenfamilie".[5] Der letzte Altarist des Katharinenaltares auf der Burg war spätestens 1545 verstorben, und Graf Philipp verfügte, dass auch die Einkünfte dieses Altares künftig für den Unterhalt eines Studenten verwendet werden sollten. Insofern wurden spätestens ab Mitte der 1540er Jahre in Sonnenberg keine Messen mehr gelesen (die Heiligkreuzkapelle hatte keinen eigenen Altaristen). Dafür wurden junge Männer ausgebildet. Interessanterweise kamen sie, mit Ausnahme Adolf Seelgens, aus Familien, die bereits gute Beziehungen zum Grafenhaus hatten, studierten nicht Theologie und wurden alle in der Verwaltung tätig.

Die Chorkappe abgelegt: Johann Stamm in Erbenheim 1533

In Erbenheim war seit 1533 Pfarrer Johann Stamm tätig, der vorher Kaplan an der Schlosskapelle St. Maria Magdalena war. Da Pfarrer Johann Klocker im Jahr 1558

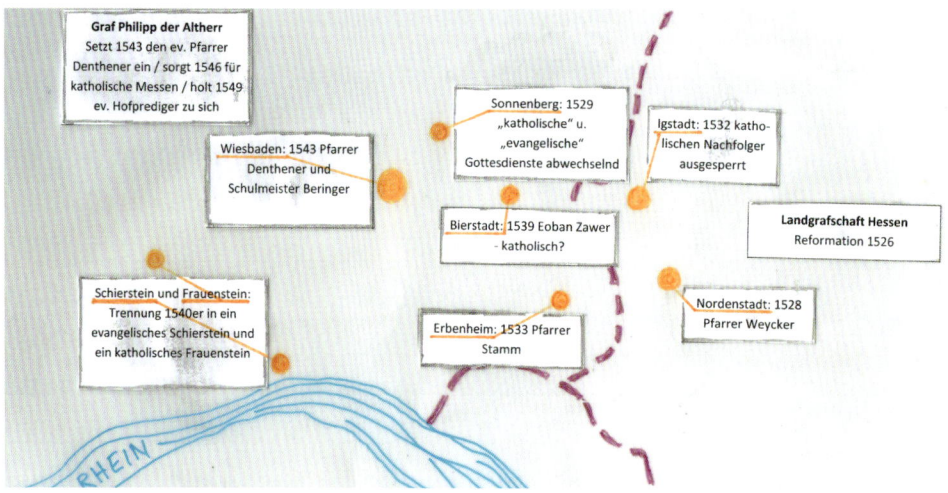

Reformationsgeschehen in Wiesbaden im Überblick.

berichtete, man habe in Erbenheim „seit 24 Jahren keine Chorkapp" mehr getragen, kann man rückwärtsrechnend aus dieser Quelle schließen, dass Stamm als erster Erbenheimer Pfarrer zum neuen Bekenntnis übertrat. Hermann Otto Geißler hält ihn darum für den ersten evangelischen Pfarrer im naussauischen Teil des Wiesbadener Stadtgebietes überhaupt.[6] Erbenheim blieb auch in den Folgejahren lutherisch. Nikolaus Gompe, der für die Durchführung der Reformation in Nassau-Wiesbaden-Idstein eine entscheidende Rolle spielte, wurde 1546 Pfarrer in Erbenheim. Er musste das Dorf zwar wegen des Interims verlassen, aber wir haben keine Nachricht über eine Wiedereinführung des Katholizismus dort. Wahrscheinlich blieb die Pfarrstelle verwaist, bis der erwähnte Klocker seinen Dienst in Erbenheim antrat.

Ein volksnaher Pfarrer: Eoban Zawer 1539 in Bierstadt

Während des Aufstandes 1525 hatten die Wiesbadener den Hauptpfarrer von St. Mauritius für abgesetzt erklärt und wollten mit Eoban Zawer (damalige Schreibweise für „Sauer") über ihre Forderungen verhandeln. Eoban Zawer war Altarist am Katharinenaltar in St. Mauritius, frisch von der Wiesbadener Georgskapelle dorthin gewechselt.[7] Ihm vertrauten die Wiesbadener offenbar – sonst hätten sie ihn sich nicht als Partner für die Verhandlungen gewünscht.

Bierstadt, die älteste erhaltene Kirche Wiesbadens.

Eoban Zawer war kein lutherischer Pfarrer mit entsprechenden Studienkenntnissen, der examiniert und ordiniert worden wäre. Nikloaus Gompe musste später, 1546, bereits eine Probepredigt in St. Mauritius halten, und nach dem Interim wurden dann Examina von der Synode abgehalten, um die Eignung der Pfarrbewerber zu prüfen. Das wurde von Zawer nicht verlangt. Daher halten wir ihn für einen typischen Vertreter eines Übergangsstadiums. Der Wechsel von „katholisch" zu „evangelisch" vollzog sich ja gerade auf personeller Ebene nicht immer plötzlich. Es gab noch kein klares Entweder-oder, die Unterschiede im Glauben wurden noch diskutiert. Vielleicht genoss Eoban Zawer auch nach dem Scheitern des Aufstandes noch das Vertrauen der Menschen und hielt die Kirche für reformbedürftig.

Die evangelische Christophoruskirche in Schierstein heute. Die mittelalterliche Schiersteiner Pfarrkirche wurde im Laufe der Zeit baufällig und stürzte 1732 bei einem Erdbeben teilweise ein. 1752 wurde sie abgerissen und durch einen Neubau ersetzt.

Stellenbesetzungsärger und getrennte Wege: die 1530er und 1540er Jahre zwischen Schierstein/Frauenstein und Bleidenstadt

Sehr konfliktreich gestaltete sich das kirchliche Leben in Schierstein und Frauenstein in den 1530er und 1540er Jahren. Frauenstein war ja nach Schierstein eingepfarrt und hatte daher Anteil an den dortigen Entwicklungen.[8]

Das Recht, die Pfarrer der schönen Schiersteiner Kirche zu bestimmen, lag beim Stift Bleidenstadt. Trotzdem war es 1534/35 Graf Philipp der Altherr, der einen neuen Pfarrer nach Schierstein holte, Philipp Fabri. Das Stift intervenierte deshalb beim Grafen, und dieser erklärte sein Vorgehen interessanterweise damit, dass er nur den Mainzer Herren hatte zuvorkommen wollen, die ihrerseits die Rechte des Stiftes Bleidenstadt missachtet hätten und am liebsten einen Pfarrer nach ihrem Gutdünken (einen „cortisan", einen „Höfling") in Schierstein sähen.[9] Die Quellen deuten darauf hin, dass 1537/38 ein katholischer Geistlicher in Schierstein wirkte, wahrscheinlich eben dieser Fabri.[10]

Im Sommer 1543 holte Philipp der Altherr erneut einen Kaplan seiner Wahl nach Schierstein: Michael Breitschwert von Echternach. Offenbar hatte der dort tätige Pfarrer (inzwischen Philipp von Echzell?[11]) den Grafen öffentlich verunglimpft, und der Graf hatte ihn abgesetzt. Michael Breitschwert war, als er den Dienst in Schierstein aufnahm, schon Kaplan in Wiesbaden. Auf die erneute Intervention des Stiftes Bleidenstadt beim Grafen wegen dieser Personalie erklärte der Graf deshalb auch, dass Michael Breitschwert ja eigentlich in Wiesbaden sei und nur nach Schierstein abkommandiert, weil dort sonst niemand die Gemeinde versorge. Dieser Michael Breitschwert sollte dem Grafen aber noch ernsthafte Probleme bereiten. Aus den Renteirechnungen wissen wir, dass Breitschwert schon im Folgejahr inhaftiert war und 1546 seines Amtes enthoben wurde.[12] Sein Haus wurde verkauft, und den Verkaufserlös erhielt Breitschwert erst, nachdem er seine Schmähreden gegen die Stadt in einer Ehrenerklärung zurückgenommen hatte. Übrigens schrieb er später, der Amtmann habe den Grafen gegen ihn aufgehetzt. Da hatte Breitschwert schon eine neue Pfarrstelle, außerhalb Nassaus, in Manubach bei Bacharach.

Wappenschild des Gasthauses zum Einhorn, 1600. Abguss, Stadtmuseum Wiesbaden. 1524 richtete Philipp der Altherr ein Haus in der heutigen Wagemannstraße als herrschaftliche Herberge ein. 1548 wurde es aufgegeben und durch einen Neubau ersetzt. Das Schild stammt von diesem Neubau. Monsees/Fuchs, 2000, Nr. 130. Dass Kaplan Michael Breitschwert 1544 im „Einhorn" „in Eisen" saß und nicht im Turmgefängnis, mag ein Zugeständnis an seinen geistlichen Stand gewesen sein.

Bleidenstadt setzte nun wieder einen katholischen Pfarrer in Schierstein ein – und prompt beschwerte sich die Gemeinde beim Grafen. Das Ergebnis war schließlich die Trennung der Dörfer in ein evangelisches Schierstein und ein katholisches Frauenstein. Frauenstein wurde in der späteren Wahrnehmung das Tor zum (erst später vollständig rekatholisierten) Rheingau, Schierstein nahm eine andere Entwicklung. Die Besitzungen des überflüssig gewordenen Heiligkreuz-Altares in der Schiersteiner Kirche wurden für die Besoldung eines Schulmeisters verwendet.[13] Das Stift Bleidenstadt schlug weiterhin (bis 1705) die Pfarrer von Schierstein vor und besoldete sie, aber es sorgte nun für evangelische Pfarrer.[14] Und ab und zu mussten sich die Stiftsherren beim Grafen darüber beklagen, dass die Schiersteiner ihre Abgaben nicht oder nur teilweise oder zu spät leisteten.

Der „gemeine Mann" nimmt den Landesherrn für sein Seelenheil in die Pflicht

Die Beschwerde der Schiersteiner über den katholischen Priester sei hier kurz noch mal aufgegriffen und der besseren Verständlichkeit halber nach Wolf-Heino Struck zitiert: „Ihr vermeintlicher Pfarrer könne weder das heilige Evangelium predigen noch Taufe und Sakrament nach christlicher Einsetzung und Ordnung reichen. Jung und Alt der ganzen Gemeinde könnten dies bezeugen. Alle seine Predigten, nachdem er den Text des hl. Evangelii angesagt,

Unionskirche in Idstein. Die Bindung der Kirchen an den Landesherrn blieb bestehen. Als das neue Herzogtum Nassau später reformierte und lutherische Landesteile hatte, vereinigten sich die beiden nassauischen Kirchen 1817 zur „Evangelischen Kirche". In Erinnerung an diese Union erhielt die ehemalige Stadtkirche Idsteins 1917 den Namen „Unionskirche".

seien unverständlich. Er könne aus dem Evangelio keine nutzbarliche Lehre entnehmen."[15] Was passiert hier? Die Gemeinde argumentiert theologisch. Sie setzt an den neuralgischen Punkten an: Der neue Pfarrer könne die Sakramente nicht ordentlich reichen und das Evangelium nicht verständlich predigen. Damit versperrt er den Menschen den Weg zum Heil. Dass er aus dem Evangelium keine Lehren ziehen kann, verleiht dem Problem noch einen neuen Akzent: Seine Predigten tragen also auch nichts zur Besserung der Gemeinde bei. Die Gemeinde appelliert in dieser Situation an den Landesherrn, den Grafen.

Was war der Punkt, der den Grafen aktiv werden ließ? War es der versperrte Weg zum Seelenheil? Oder die fehlende Nützlichkeit? Und ging es der Gemeinde um ihr Seelenheil? Oder wusste sie einfach, wie sie argumentieren musste, damit etwas passierte?

Das werden wir nicht mehr herausfinden, aber Tatsache ist: Die Gemeinde machte den Landesherrn in dieser Situation zu der Instanz, die die Gläubigen schützen muss. Dass sich die Landesherren sowieso in dieser Funktion sahen, steht auf einem anderen Blatt. In Summe entstanden so die evangelischen Landeskirchen mit dem Landesherrn als Oberhaupt. Und die Idee der positiven Religionsfreiheit gilt bei uns immer noch: Die Ausübung von Religion ist, sofern sie bestimmte andere Rechte nicht verletzt, vom Staat zu schützen.

Graf Philipp der Altherr

Nehmen wir die Rolle und Haltung des Grafen noch einmal genauer in den Blick.

Graf Philipp der Altherr (1490–1558) wurde zeitweise eher negativ beurteilt, weil er, anders als andere Nassauer Herrscher, kein entschiedener Verfechter der neuen Religion war – und auch kein entschiedener Gegner. Kritisiert wird seine „Unentschiedenheit".[16] Er hatte 1521 auf dem Reichstag in Worms Martin Luther selbst gehört, sich aber nicht für ihn begeistert. Anders als seine Vettern in Weilburg und Dillenburg holte er nicht bald Reformatoren ins Land (Weilburg 1526, Dillenburg 1529). Er unternahm nichts und trat auch nicht dem Schmalkaldischen Bund bei. Noch 1546 sorgte er im Vierherrischen Gebiet dafür, dass neben den evangelischen Gottesdiensten auch die katholische Messe nach altem Ritus gelesen werden müsse.[17] Allerdings setzte er 1543 einen evangelischen Pfarrer und Lehrer in Wiesbaden ein. In diesem Jahr bekam er auch eine überzeugt evangelische Schwiegertochter: Sein Sohn Adolf verehelichte sich 1543 mit Franziska von Luxemburg, Witwe des Markgrafen Bernhard II. von Baden-Baden. Franziska ließ sich von einem eigenen (evangelischen) Hofprediger begleiten. 1549 holte Philipp der Altherr Matthias Beck aus Dausenau als Hofprediger zu sich, mit dem er vertraglich unter anderem Folgendes vereinbarte: Beck solle das Abendmahl in beiderlei Gestalt reichen, er solle keine

DIE HOSTIENELEVATION

Zu einem der größten Unterschiede zwischen Katholiken, Lutheranern und Reformierten wurde ihre jeweilige Auffassung davon, was während des Abendmahls passiert. Im Katholizismus geht man davon aus, dass sich Brot und Wein in den Leib und das Blut Christi verwandeln, wenn der Priester die Einsetzungsworte spricht. Nach der „Wandlung" hebt er die Hostie hoch, damit alle sie sehen und anbeten können: Das ist die Elevation. Dabei erklingen die Altarschellen. Martin Luther hatte nichts gegen die Elevation, allerdings wurde sie in vielen lutherischen und in den reformierten Kirchen abgeschafft.

Hostienelevation betreiben, er solle die Messe nur lesen, wenn Kommunikanten anwesend sind, und weder Tauf- noch Weihwasser segnen, noch „Salz, Würz, Eier, Palmen, Fladen, Oster- oder sonstige Kerzen."[18] Das war die Stellenbeschreibung eines Protestanten,[19] auch wenn das nicht ausdrücklich so gesagt wurde. Darauf ist später noch einmal zurückzukommen.

Man kann Graf Philipp den Altherrn aber auch positiver beurteilen. Seine Haltung, in Religionsdingen keinen Zwang auszuüben und vielmehr jeden „nach seiner Facon" leben zu lassen und zu schützen, kommt unseren Idealen eines Staatsmannes näher. Man kann ihn für weise, statt für unentschlossen halten. 1548 schrieb Philipp selbst an seinen Sekretär, dass er Pfarrer beider Konfessionen „gnädiglich schützen, schirmen, behalten und handhaben" wolle.[20] Hätten damals mehr Herrscher so gehandelt, hätte es einen grausamen Krieg weniger gegeben.

Pfarrer und Lehrer zu Neujahr eingestellt: Wiesbaden

Die erste Handlung des Grafen im Sinne der Reformation war die Besetzung der Pfarrstelle von St. Mauritius und einer Lehrerstelle in Wiesbaden. Zum Jahresbeginn 1543 traten Wolf Denthener als Pfarrer und Bartholomäus Beringer als Lehrer ihren Dienst in Wiesbaden an. Pfarrer Dentheners Namenszusatz „von Wemding" verweist auf seinen Herkunftsort im heutigen Donau-Ried-Kreis, Bartholomäus Beringer aus Ötting kam aus derselben Gegend. Ihre Bestallungsurkunden sind im Hessischen Hauptstaatsarchiv Wiesbaden erhalten und in einer Quellensammlung von Hartmann Wunderer in großen Auszügen abgedruckt.[21] Die Bestimmungen für den Pfarrer sehen vor, dass er das „reine Gotlichs wort" mit Predigten und Lehren dem einfachen Volk verständlich machen solle, und die Sakramente „der Zucht Christi einsatzung gemäß" reichen solle. Das sind Kernstücke der Reformation: die Auslegung der Schrift in der Predigt und die Sakramente nach dem Handeln Jesu. Andere Streitpunkte wie die Hostienelevation oder die Weihe

Die katholische Kirche St. Mauritius von 1967/68 nimmt den Namen der alten Wiesbadener Pfarrkirche auf.

für Kreatürliches, wie oben beschrieben, werden in diesem Schriftstück nicht behandelt. Stattdessen gibt es den Hinweis, dass der Pfarrer sein Handeln gegen Gott und den Grafen und gegen den Kaiser verantworten können müsse. Außerdem wurde geregelt, dass ein Kaplan sowie ein Schulmeister angestellt werden sollen und wie der künftige Pfarrherr zu entlohnen sei. Bartholomäus Beringers Bestallungsurkunde zeigt unter anderem, dass Beringer dem Pfarrherrn unterstellt war und seine Aufgabe ganz in den Dienst einer christlichen Erziehung gestellt wurde: „nämlich daß er die Schüler zu Wiesbaden und andere […], getreulich und fleißig soll lehren, unterweisen und zu aller Zucht und Seligkeit auferziehen und regieren, auch einem jeden Pfarherr, er und die Schüler, zu den christlichen Ceremonien in der Kirche gehorsam und seines Befehls in guter Ordnung gewärtig sein und folgen."[22]

Es hat sich eingebürgert, den 1. Januar 1543, als die beiden Bestallungsurkunden ausgefertigt wurden, als Datum der Einführung der Reformation in Wiesbaden zu sehen. Kernstücke reformatorischer Lehren und reformatorisches Bildungsbemühen wurden damals in Wiesbaden verankert.

Ausweisung von Juden 1545

In den Reformationsbewegungen gab es starke antisemitische Tendenzen. Luthers Haltung zu „den Juden" ist gut untersucht. Daher wollen wir Ereignisse, die mit den jüdischen Einwohnern Wiesbaden zu tun haben, in dieser Betrachtung erwähnen, auch wenn wir keinen unmittelbaren Zusammenhang zum Reformationsgeschehen sehen. Während des Bauernkrieges 1525 sind aus Wiesbaden und Umgebung keine judenfeindlichen Aktionen überliefert – in anderen Städten und Regionen gab es diese sehr wohl. 1545 jedoch kam es zu einem Ausbruch von Feindseligkeit in Wiesbaden.

Im Mittelalter und in der Reformationszeit sind immer wieder jüdische Einwohner in Wiesbaden belegt, meist durch Schutzbriefe oder in Abgabenlisten.[23] Wie im Kapitel „Wiesbaden vor 500 Jahren" gezeigt, erhielt Jakob aus Nürnberg 1518 seinen ersten Schutzbrief von Graf Philipp. 1545 wandte sich die Stadt mit der Bitte, ihn ausweisen zu lassen, an

Der jüdische Friedhof in Wehen, wahrscheinlich im 14. Jahrhundert angelegt. Bis zur Anlage eines eigenen Friedhofes in Wiesbaden 1750 mussten verstorbene Juden aus Wiesbaden und Umgebung hier beigesetzt werden.

den Grafen. Die Vertreter der Stadt gingen sogar so weit, dem Grafen dafür 100 Florin anzubieten. Jakob hatte mit der Erlaubnis des Grafen Geldgeschäfte gemacht und offenbar Neid, Hass und Zorn der Wiesbadener erregt. Der konkrete Auslöser für die Bitte um Ausweisung bleibt im Dunkeln. Der Graf ging auf das Angebot der Stadt ein, die Stadt lieh sich das Geld und Jakob wurde mit seiner Familie ausgewiesen. Der Graf versprach, ab sofort keine Juden mehr in Wiesbaden zuzulassen. Letzteres hielt er jedoch nicht ein.

Kaiser Karl V. nach dem Sieg bei Mühlberg. Der Schmalkaldische Bund erlitt hier seine entscheidende Niederlage. Gemälde von Tizian, 1548, Museo del Prado.

Der Schmalkaldische Krieg

Ab den 1540ern „wechselten die Geschicke der Reformationsbefürworter und -gegner mit irritierender Geschwindigkeit".[24] Der offene Konflikt zwischen den Protestanten und der katholischen Liga, der nach dem Scheitern der Religionsgespräche 1530 im Raum stand, war für die Zeit der Türkenkriege beigelegt worden. Der Kaiser hatte den Protestanten Zugeständnisse gemacht, um ihre Unterstützung gegen das Osmanische Heer zu erhalten. Zwischendrin siegte er an einer anderen Front gegen Frankreich, warf dann das Osmanische Heer zurück und wandte sich, politisch gestärkt, ab 1546 wieder der Religionsfrage im Reich zu. 1546 starb Martin Luther, und im selben Jahr ordnete der Kaiser die Vollstreckung der Reichsacht gegen Johann von Sachsen und Philipp von Hessen an. Dabei konnte er einen Familienzwist in Sachsen zwischen der albertinischen und der ernestinischen Linie ausnutzen, indem er den eigentlich auch protestantischen Cousin von Johann, Moritz von Sachsen, mit dem Versprechen der Kurwürde auf seine Seite holte. Es begann der Schmalkaldische Krieg, an dessen Ende Philipp von Hessen und Johann von Sachsen gefangen genommen wurden. Moritz von Sachsen wandte sich später übrigens gegen den Kaiser, worauf noch zurückzukommen ist.

Graf Philipp der Altherr war dem Schmalkaldischen Bund nicht beigetreten. Seine Neutralität nutzte dem

Land jedoch nicht viel. Die Truppen des kaiserlichen Generals Maximilian von Büren hatten im August 1546 den Rhein von Westen her überschritten und lagerten in Kastel. Dabei plünderten sie Kastel, die Dörfer der Landgrafschaft Hessen und das nassauische Gebiet, insbesondere Erbenheim und Klarenthal. Es scheint ihnen gleichgültig gewesen zu sein, ob sie katholische, evangelische oder neutrale Scheunen leerten. Auf ihrem Rückzug 1547 kamen sie wieder an Wiesbaden vorbei. Das Brandunglück 1547 wird mit ihnen in Verbindung gebracht: Wahrscheinlich zündeten sie die Stadt an.[25]

Der Versuch, zu einer einheitlichen Kirche zurückzukehren: das Interim

Nach seinem Sieg im Schmalkaldischen Krieg berief der Kaiser im Herbst 1547 den Reichstag nach Augsburg ein, um dort die Religionsfrage zu behandeln.[26] Sein Ziel war eine einheitliche Lösung für das ganze deutsche Reich. Am 30. Juni 1548 wurde eine Lösung verabschiedet, die interimistisch gemeint war, also vorübergehend bis zu einer endgültigen Lösung, die von einem Konzil erarbeitet werden sollte. Das Interim blieb bis 1552 Reichsgesetz. Ab 1551 schmiedete Moritz von Sachsen nämlich ein Bündnis gegen den Kaiser, gewann den französischen König für sein Bündnis und konnte den Kaiser in die Flucht schlagen. Im Vertrag von Passau wurde das Interim aufgehoben, und sowohl Johann von Sachsen als auch Philipp von Hessen kamen frei. Damit endete der letzte Versuch, *eine* Religion für das Reich festzuschreiben. Das Interim war als eine Religionsformel für beide Parteien gedacht gewesen, führte aber vor allem zu einer Diskriminierung und Unterdrückung des neuen Glaubens. In seinen Grundaussagen setzte es die katholischen Lehren wieder ein und machte nur an zwei Stellen Zugeständnisse an das protestantische Lager: Den Laien sollte beim Abendmahl der Kelch erlaubt sein, und die Priesterehe wurde gestattet. Die katholische Seite war im Übrigen auch nicht zufrieden mit diesem Reichsgesetz. Durchsetzen ließ es sich nur unvollkommen. In manchen Regionen wurde es unter Zwang angewendet, in anderen Orten scheiterte es am Widerstand der Protestanten – und das war „ein praktischer Widerstand im übrigen, der bis in die letzte protestantische Dorfgemeinde getragen wurde, da die große Mehrheit der evangelisch gesinnten Pfarrer die Bekenntnisformel ablehnte und häufig mit Unterstützung ihrer Gemeinden wie der weltlichen Obrigkeit dem Reichsgesetz offen zuwider handelte."[27]

Diese von der Frühneuzeithistorikerin Luise Schorn-Schütte freundlich anerkennend und leicht augenzwinkernd angesprochenen „letzten protestantischen Dorfgemeinden" lagen unter anderem in Nassau-Wiesbaden-Idstein. Auch hier sollte das Interim gelten.

Nikolaus Gompe und die Pfarrerschaft gegen das Interim

Aber die Pfarrerschaft wehrte sich gegen die interimistischen Bestimmungen. Im Hessischen Hauptstaatsarchiv Wiesbaden ist ein Brief mit zehn Artikeln erhalten, in denen die Nassau-Wiesbaden-Idsteiner Pfarrer zu den Interimslösungen Stellung beziehen. Da dieser Brief als „Antwort" bezeichnet wird, kann man mutmaßen, dass der Graf vielleicht die Meinung der Pfarrer erbeten hat. Nikolaus Gompe unterzeichnete den Brief an oberster Stelle. Da Nikolaus Gompe nach dem Interim ein führender Kopf der Kirche in Wiesbaden-Idstein wurde, kann man davon ausgehen, dass er auch einer der Vordenker, vielleicht der Autor dieser „Antwort" war. Wer war Nikolaus Gompe? Die wichtigste Quelle zu Gompe ist die Predigt zu seinem Begräbnis. Sie erschien schon damals im Druck. Der profundeste Kenner von Gompes Biografie heute ist Hermann Otto Geißler.[28] Nikolaus Gompe wurde wahrscheinlich 1523 in Rauenthal geboren und erhielt seine Ausbildung in Mainz und Heidelberg. Der Leichenpredigt zufolge (die hagiografische Züge enthält) war er schon auf dem Weg nach Erfurt, wo ihn eine gut dotierte Pfründe erwartete und er sich zum Priester weihen lassen wollte, als er einen Studenten aus Marburg traf. Dieser begeisterte Gompe so für die Ideen der Reformatoren, dass Gompe mit nach Marburg zum weiteren Studium ging und schließlich nach Wittenberg weiterzog. 1545 kehrte er in den Rheingau zurück, wo ihn seine Eltern schroff abwiesen. Nach einer Probepredigt in St. Mauritius trat Nikolaus Gompe dann 1546 die Pfarrstelle in Erbenheim an. Von dort wird er auch die Stellungnahme zum Interim (mit)formuliert haben.

Osterkörbchen. Segnung von Kreatürlichem.

In ihrer Stellungnahme zum Interim wandten sich die Pfarrer nicht pauschal gegen alles, aber in so vielen Details, dass sie in der Gesamtschau doch zu einer Grundsatzerklärung gegen das Interim wurde.[29] Einige Kritikpunkte der Pfarrer sind uns schon in der Stellenbeschreibung des Hofpredigers Matthias Beck begegnet: Wie dort erklärten die Pfarrer, nichts Kreatürliches (also Wasser, Salze, Gewürze, Eier, „Palmen", Kerzen und so weiter) weihen zu wollen. Sie lehnten die Hostienelevation sowie alles Umhertragen der Hostie ab. Außerdem nahmen sie zu weiteren Punkten Stellung, mit denen die katholischen Gebräuche wieder eingeführt werden sollten: die sieben täglichen Gebetszeiten, das Sakrament der Letzten Ölung und das traditionelle Bußsakrament. In allen Punkten argumentierten Nikolaus Gompe und die Pfarrer durch und durch „evangelisch", aber auf dem Boden ihrer Zeit. So schrieben sie zum Beispiel in Bezug auf die Buße und die Letzte Ölung: Die Pfarrer sollen den Beichtenden keinesfalls die Verrichtung von Gebeten und anderen guten Werken auferlegen, denn die Buße müsse aus dem Herzen kommen. Gompe und seine Kollegen bezweifelten dabei nicht, dass Buße und gute Werke die Zeit im Fegefeuer („zeitliche Strafe") verringern, aber hielten sie nur für wirksam, wenn sie aus eigenem Antrieb geleistet würden.

In ihrem Schreiben heißt es: „Wie wohl durch unsere ganze Buße und schuldige Werke zeitliche Strafe gelindert wird, hat doch die Kirche keine Gewalt, solche Werke als eine Genugthuung den Beichtenden aufzulegen.“[30] An anderer Stelle erklärten sie, das Sakrament der Letzten Ölung sei unwichtig, weil es allein auf das Gebet aus dem Glauben heraus und auf die Tröstung durch Gottes Wort ankomme: „daß ihr (= Kranke und Sterbende) Glaube allein sich auf den Verdienst Christi stemme und nicht (auf) Oel und Salbung, denn das Gebet des Glaubens wird dem Kranken helfen, Jakobus sagt.“[31] Zuletzt sei noch angeführt, was sie zur Weihe von „Kreatürlichem“ zu sagen hatten: Mit der Weihe spreche man Dingen die Kraft zu „den Teufel mit seiner Phantasie und Listigkeit“ zu verjagen und das sei gegen Gottes Wort, welches uns lehrt, dass „Gott seinen Sohn zur Versöhnung für unsere Sünde und zum Heilande der Welt gesandt hat, auch des Teufels Werk zu verstören. So nun solches Christo, dem Sohne Gottes zusteht, wird es unbillig den Creaturen zugeschrieben.“[32] Die evangelischen Christen mussten sich gegen den Teufel mit Gottes Sohn und Gottes Wort wappnen; auf geweihte Dinge als Hilfsmittel mussten sie fortan verzichten.

Eine Entlassung und sonst kaum Veränderungen

Da der Graf einige dieser evangelischen Standpunkte auch für seinen eigenen Hofprediger verschriftlichen ließ – wie hätte er sie dann für seine Dorfpfarrer nicht gelten lassen sollen?

Aber das Interim war Reichsgesetz. Es musste durchgesetzt werden. Nikolaus Gompe musste seine Stelle verlassen und ins Exil gehen. Wahrscheinlich über Philipp Melanchthon, bei dem er studiert hatte, vermittelt, konnte Nikolaus Gompe eine Pfarrstelle in Bad Freienwalde annehmen. Darüber hinaus scheint es hier jedoch keine Repressalien für die evan-

Michael Helding, genannt Sidonius. Mainzer Vertreter des Reformkatholizismus, Mitautor des Interims und beauftragt, in Wiesbaden-Idstein die Durchführung des Interims zu überwachen.

131

gelische Seite gegeben zu haben, anders als in anderen Territorien. Im Gegenteil: Matthias Beck aus Dausenau wurde ja just 1549 als Hofprediger zum Grafen geholt. Als Hofprediger unterlag er nicht der bischöflichen Jurisdiktion, weshalb Graf Philipp für ihn diese protestantischen Bestimmungen festlegen lassen konnte, ohne dass dies groß Anstoß erregen musste.[33] Im Februar 1550 kam der Mainzer Weihbischof Michael Helding (1506–1561), genannt Sidonius, dreimal persönlich nach Wiesbaden-Idstein, um die Durchführung des Interims zu überprüfen.[34] Er und seine Mitarbeiter stellten fest, dass nur in Schierstein und Mosbach-Biebrich katholische Geistliche wirkten. Wiesbaden, Bierstadt, Dotzheim und Kloppenheim erwiesen sich als lutherisch, also „schismatisch". Helding war ein gelehrter, humanistisch geprägter Theologe und Mitautor des Interims. Er gilt als einer wichtigsten Vertreter des Reformkatholizismus seiner Zeit, Gewalt lag ihm fern. „Er ließ es an nichts fehlen, feierlich weihte er jede von Ketzerei befleckte Kirche von neuem, kräftig predigte er gegen die lutherischen Neuerungen in der Lehre und im Cultus, die Gemeinden wurden mit dem Zorn des Kaisers und dem Fluche des Papstes bedroht."[35] Aber das alles half nichts. Helding sah ein, dass er höchstens „mit Feuer und Schwerdt"[36] gegen die Lutherischen vorgehen könnte – und das wollte er nicht.

Gompes Rückkehr und die Kirchenordnung

Am Altar der evangelischen Kirche Kloppenheim.

Mit der Unterzeichnung des Passauer Vertrages war das Interim vorbei. Nikolaus Gompe kehrte schon 1552 aus seinem Exil in Bad Freienwalde zurück. Philipp der Altherr hatte ihn als seinen Hofprediger zu sich gebeten. Gompe erhielt außerdem den Auftrag, die Kirche zu ordnen. Kirchenordnungen waren der rechtliche Rahmen, den sich die neuen protestantischen Kirchen gaben. Sie regelten alles, was zum kirchlichen Leben gehörte, von der Ernennung der Pfarrer bis zu den Feiertagsregelungen. Wann und welche Kirchenordnung in Wiesbaden-Idstein galt, ist nicht ganz gesichert.[37] Erste Maßnahmen hatte Nikolaus Gompe 1553 erarbeitet. Er tauschte sich dabei mit einem anderen Melanchthon-Schüler aus, Caspar Goltwurm (1524–1559), der in Nassau-Weilburg vor den gleichen Aufgaben stand. 1558 starb Philipp der Altherr, und unter seinem Sohn und Nachfolger Philipp dem Jungherrn (1516–1566) wurde 1559 eine Kirchenordnung nach Pfalz-Zweibrücker Vorbild für die Herrschaft Wiesbaden-Idstein eingeführt. Wiesbaden-Idstein war ein lutherisches Territorium geworden.

Schulen auf dem Land: das Beispiel Bierstadt

Eine sehr wichtige Wirkung der Reformation wurde bislang nur gestreift: Die Reformation war auch eine Bildungsbewegung. Die Reformatoren wollten, dass alle Gläubigen die Bibel lesen können. Insofern war Bildung für sie ein Mittel zu einem höheren Zweck. Friedrich Schweitzer weist aber darauf hin, dass ihr Menschenbild, die Betonung der Freiheit und des Individuums gleichzeitig den Weg für weit umfassendere Bildungsideale ebnete (formuliert unter anderem bei Melanchthon). Bildung war daher schon zur Reformationszeit auch mehr als nur ein Mittel zum Zweck.[38] Abgesehen von den theologischen Überlegungen hatten die Landesherren ein Interesse daran, die Jugend auszubilden. Sie brauchten Pfarrer, Juristen, Beamte und Ärzte.

Die Geschichte von Noahs Arche und der Sintflut. Lesen zu lernen war unabdingbar für den Glauben. Bibelausgabe von 1564 im Bestand der Hochschul- und Landesbibliothek RheinMain.

In Wiesbaden und Umgebung entfaltete sich dieses Erbteil der Reformation erst ab den 1570er Jahren voll. Zwar wurde die bestehende Schule in Wiesbaden schon 1543 zu einer Lateinschule erweitert. Aber erst ab den 1570ern entstanden dann auch auf den Dörfern Schulen, die teils auf Initiative des jeweiligen Pfarrers, teils auf Wunsch der Gemeinde gegründet wurden. Dotzheim erhielt 1594 eine Schule.[39] Gut untersucht sind die Anfangsjahre der Schule in Bierstadt: Helmut Dauber hat die Korrespondenz aus den Gründungsjahren ausgewertet.[40] In Bierstadt war 1575 die Pfarrstelle verwaist. Da ergriff die Gemeinde die Initiative und ließ die Schultheißen und Schöffen einen Brief mit der Bitte um die Erlaubnis, eine Schule zu gründen, an die Landesregierung schreiben. Da auch damals schon die Finanzierung entscheidend für den Erfolg einer Unternehmung war, baten sie um die Rückgabe einer Abgabe an die Kirche von zehn Maltern Korn jährlich, die der Graf im Zuge der Reformation von Bierstadt abgezweigt und für die Finanzierung der Lateinschule in Wiesbaden verwendet hatte. Diese sollten dem Schulmeister als Gehalt dienen. Alternativ schlugen sie vor, aus der relativ guten Pfarrbesoldung zehn Malter Korn für den Schulmeister abzuzweigen, „wohl aufgrund der Erfahrung, dass das, was die Obrigkeit einmal in ihrem Besitz hat, nur äußerst selten wieder herausgegeben wird".[41] Sie mussten die Bitte zweimal wiederholen und konnten schließlich auch mit passenden Bewerbern für die Pfarrstelle aufwarten, die mit einer Schmälerung ihres Gehaltes einverstanden waren. So konnte die Sache schließlich geregelt werden: Noch 1575 trat Pfarrer Hieronymus Günther seine Stelle in Bierstadt mit zehn Maltern Korn weniger an, und im Jahr drauf sollte das Glöckner-Amt mit dem Amt des Schulmeisters gleichzeitig besetzt werden. Der Glöckner war gleichzeitig Küster, Organist und Vorsänger und erhielt ebenfalls einen gewissen Lohn. Johannes Otto Rodt aus Bierstadt nahm die Stelle an – was für die Gemeinde besonders praktisch war, denn da er in Bierstadt wohnhaft war, brauchte man kein eigenes Schulgebäude. Die Kinder kamen zu ihm nach Hause. Helmut Dauber zeigt auf, dass zum Beispiel Letzteres auch sehr geschickt als Argument vorgebracht wurde – man konnte der Obrigkeit damit versichern, dass keine weiteren Kosten für ein Schulhaus anfallen würden. Natürlich berief

EIN BILDUNGSIDEAL VON 1590

Sein Bildungsideal brachte Pfarrer Hieronymus Günther aus Bierstadt in einem Schreiben 1590 zum Ausdruck: „An christlichen Schulen [ist] sehr viel gelegen, denn aus Schulen, nicht allein aus hohen, sondern aus gemeinen Schulen, muß man Leute nehmen, die da tüchtig sind zu geistlichen und weltlichen Ämtern. In Schulen wird die liebe Jugend erzogen und unterwiesen, daß sie Gott, den Herrn, ihren Schöpfer, recht erkennen lernt und ihn anbetet, daneben lobt, ehrt und preist, zu welchem Ende zwar wir Menschen führnehmlich von Gott für diese Welt erschaffen und hat der liebe Gott an dem Lob der kleinen, unschuldigen Kinderlein ein sonderliches Wohlgefallen, wie geschrieben steht Matthäus 21." Zit. nach Dauber, Helmut: Bierstadter Schulgeschichte 1576–1918. Wiesbaden-Erbenheim, 1992, S. 10.

man sich auch immer auf den Nutzen für die Besserung der Sitten, die Ehre Gottes und die Zierde der Gemeinde.

Johannes Rodts Stelle war trotz der beiden Gehälter sehr kärglich dotiert, und 1590 ergingen neue Schreiben von Bierstadt an die Regierung. Rodt hatte damals seit eineinhalb Jahren keinen Unterricht mehr erteilt, denn er hatte Aufgaben in der gräflichen Verwaltung übernommen. Pfarrer Hieronymus Günther unterrichtete seitdem die Jugend – und hatte Grund zur Klage: Er käme kaum zum Predigtvorbereiten, er habe keine Ruhe, er könne sich theologisch nicht mehr fortbilden, was er in diesen schweren Zeit für bitter nötig erachte, und außerdem sei kaum Platz im Pfarrhaus. Er wünschte sich, dass jemand anderes das Schul- und Glöckneramt für ein Jahr übernehme, und falls dann Johannes Rodt wieder einsteigen wolle, er das tun solle. Die Gemeinde Bierstadt erbat dasselbe. Es fand sich ein gewisser Siegfried Pistorius aus Wetter in Hessen, der die beiden Ämter übernahm. Aber das Gehalt erschien als zu gering, als dass man ihn halten könnte. Pistorius war außerdem des Lateinischen mächtig, und das wollten die Bierstadter besonders gern nutzen. So müssten ihre Kinder nicht in die Lateinschule nach Wiesbaden laufen. Bierstadt bat also erneut um Hilfe – erfolgreich. Die Landesregierung genehmigte 1591 mehr Geld für Pistorius. Über seinen Verbleib schweigen die Quellen, aber 1594 wurde in Bierstadt auch ein eigenes Schulgebäude errichtet.

Aus den späteren Quellen: das Problem des Chorrocks

Noch war in den sich neu konstituierenden Kirchen vieles umstritten. Schwer wog für die Pfarrer der Herrschaft Wiesbaden-Idstein die Frage nach der für den Gottesdienst angemessenen Bekleidung. Wie aus den Quellen hervorgeht, stand die Wendung „den Chorrock fallen lassen" als Synonym für die Lösung vom alten Ritus. Die Reformatoren trugen ostentativ nicht die Gewänder der katholischen Liturgie, sondern ein weltlich-bürgerliches Gewand, die Schaube. Die Schaube, ein weites Übergewand, wurde über Wams und Beinkleidern getragen, hatte entweder weite Ärmel oder Schlitze für die voluminösen Ärmel des Wamses, und konnte bodenlang oder kurz sein. Sie war von Entstehung und Schnitt her etwas ganz anderes als die Tuniken und Soutanen, Dalmatiken und Alben der katholischen Geistlichkeit.[42] Zur weltlich-bürgerlichen Schaube gehörte als Kopfbedeckung das Barett, das die Reformatoren auf dem nicht mehr teilrasierten Kopf trugen. Das ist uns wahrscheinlich kaum mehr bewusst, aber dieser Übergang der Geistlichkeit zur weltlichen Kleidung war vielleicht der „schwerste Umbruch in der deutschen Kleidungsgeschichte".[43] Die Maler und Grafiker der Reformationszeit verbrei-

Luther in der bürgerlichen Schaube. Darstellung des Reformators in der Lutherkirche Wiesbaden.

teten die Bilder der braun und schwarz gewandeten Theologen rasch in alle Welt. Die Theologen widmeten sich dem Thema allerdings mehr durch Taten als durch Worte. Als „Mittelding", als Adiaphoron, galt die Bekleidungsfrage und das bedeutet: nicht heilsrelevant und daher von nachrangiger Wichtigkeit. Der erste Reformator, der öffentlich in einer Schaube auftrat, war wohl Huldrych Zwingli (1484–1531) im Herbst 1523. Am 9. Oktober 1524 bestieg Martin Luther erstmals in einer Schaube die Kanzel. Und die Kennerinnen und Kenner sehen auf Bildern von ihm, dass er unter der Schaube Wams und Hemd trägt und sicher auch bürgerliche Beinkleider, denn man sieht die breiten Schuhe des gemeinen Mannes, die sich von den feinen, gestickten Fußbekleidungen der katholischen Kleriker unterscheiden. Von Luther sind natürlich auch ein paar Worte zur richtigen Bekleidung erhalten, unter anderem: „Alßo hilffet es die seele nichts / ob der lyp [= Leib] heylige Kleyder anlegt / wie die priester und geystlichen thun / auch nit ob er ynn den kirchen und heyligen stetten sey. Auch nit ob er mit heylingen dingen umbgah."[44]

Die Bekleidungsfrage war Luther nicht so wichtig, als dass er dazu etwas Neues entwickelt oder vorgeschrieben hätte. Aber aus seiner und der Bekleidung seiner Mit-Reformatoren entwickelte sich dann der protestantische Talar mit seinen regionalen Besonderheiten – dass dieser sich heute freilich wieder deutlich von der weltlich-bürgerlichen Bekleidung unterscheidet, ist ein anderes Thema. In Nassau-Wiesbaden-Idstein wurde die Frage nach der Pfarrerkleidung nach dem Ende des Interims noch eine Weile heiß diskutiert. In der Sammlung 131 X a 1 zur Kirchenordnung in Nassau-Wiesbaden-Idstein im Hessischen Hauptstaatsarchiv Wiesbaden sind einige Briefe erhalten, die sich dieser Frage widmen. Eindrücklich ist der lange Brief von Johann Klocker, Pfarrer in Erbenheim, der den Grafen bittet, keine liturgischen Gewänder zu gebieten.[45] Klocker stützt sich dabei auf verschiedene Argumente: Man habe in Erbenheim seit 24 Jahren keine „Corkapp" mehr getragen, auch keine „anderen ornamente", und wolle man sie jetzt neu besorgen, reize das „me[h]r zu gespött dann [= denn, als] zu andacht". Anschließend bezieht er sich auf das Alte Testament, auf 1. Kön 5 und 1. Sam 5. Den inneren Zusammenhang dieser beiden Bibelstellen sehen wir in der Bedeutung eines korrekten Tempelbaus und der Macht der Anwesenheit Gottes. Was Klocker damit ausdrücken wollte, wird uns nicht ganz deutlich. Vielleicht ist es eine Warnung davor, zu leichtfertig mit Fragen des Ritus umzugehen – und das wäre interessant, weil es ein Gegensatz zur in der frühen Reformationszeit üblichen Bewertung der Bekleidungs- und Zeremonienfragen als Adiaphora, Mitteldinge, wäre. Dazu passt, dass Klocker den Brief wohl frühestens 1558 verfasst hat: Die scharfen Diskussionen um das jeweilige Profil der Konfessionen waren im vollen Gange.

Aber nach dem Verweis auf die beiden alttestamentlichen Bibelstellen schreibt Johann Klocker in kräftig antikatholischer Manier: „Dieweil dann das allerheiligst seligmachende Wort Gottis kein grösser und schedlicher feind hatt dann die papisten [= Anhänger des Papstes], will es sich ybel [= übel] schicken, Ir Hofkleydung, feldzeichen oder Imperia (wie mans nennen möchte) anzuziehen on große ägernuß und mit gutem gewißen ich gar nit weiß. Es were dann das es umb und neben uns allenthalb gebruchlich oder durch ein allgemein Concil reformatum Teutscher nation wider uns uffgericht würde." Es den Katholiken nachzutun, kommt für Klocker also nur infrage, wenn es in der Nachbarschaft alle machen würden oder es sogar einen Konzilsbeschluss aller „reformierten" (das bedeutet hier: „nicht-katholischen") deutschen Regionen gäbe.

ADIAPHORA

Adiaphora, gr. „nicht unterschieden", werden im Deutschen auch „Mitteldinge" genannt. Dabei handelt es sich um Sachen, die aus christlicher Sicht als ethisch neutral eingestuft werden, also weder als eindeutig schlecht, noch als eindeutig gut. Manchen Reformatoren galt zum Beispiel die Bekleidungsfrage als Adiaphoron, als nicht heilsrelevant: Es ist egal, was der Pfarrer trägt, solange er das Richtige predigt. Ihnen hielten strengere Theologen entgegen, dass es in Bekenntnisfragen keine Gleichgültigkeit geben könne. Im 19. Jahrhundert entbrannten heftige Debatten um die Adiaphora Tanz und Kartenspiel. Wiesbaden zeigte sich davon eher unbeeindruckt.

Reformieren, auflösen, auslaufen lassen

Was wurde dann aus den alten Messgewändern? Was wurde aus Bräuchen und Dingen, die überflüssig geworden waren? Philipp der Altherr vollzog ja keinen harten Wechsel. Es gab keinen Schnitt, von dem an alles anders gewesen wäre. Es gab keinen Bildersturm in Nassau-Wiesbaden-Idstein. So ist vieles vom alten Glauben einfach über die Jahre verschwunden, und ab und zu wurde etwas nachgeholfen.

Offenbar nicht entfernt wurden zum Beispiel die „katholischen" Landschaftsmarker. Die Feldkreuze und Bildstöcke und kleinen, nicht konsekrierten Kapellen in der Landschaft, die im zweiten Kapitel vorgestellt wurden, tauchen auch in der Zeit nach Einführung der lutherischen Kirchenordnung für Nassau-Wiesbaden-Idstein noch vereinzelt in den Akten auf, es gab sie also noch. Ferdinand Wilhelm Ernst Roth zitiert eine Urkunde noch aus dem Jahr 1692, bei der es um einen strafrechtlichen Vorfall geht, der sich bei dem „steinerne[n] Helgenhauß" (= „Heiligenhaus") an der Straße von Wiesbaden nach Dotzheim ereignet habe.[46] Noch 1701 ist ein Heiligenhäuschen auf einer Flurkarte erkennbar.[47] Was letztlich aus den Bildwerken wurde, ist bis dato nicht bekannt. Wahrscheinlich wurde das, was verfiel, nicht mehr aufgebaut, und was im Weg stand, abgerissen. Und so verschwanden die kleinen Andachtspunkte einfach.

Verkauf und Verfall von Kapellen

Auch die größeren Andachtsbauten, die Kapellen im Wiesbadener Stadtgebiet, waren mit der Reformation überflüssig geworden. Ihre Geschichten können meist nicht genau nachverfolgt werden, aber einige Angaben finden sich in der „Beschreibung kirchlicher Altertümer" von Karl Rossel aus dem Jahr 1852, für anderes führt Otto Renkhoff archivalische Quellen an.[48] Für „Sente Michel", die Michaelskapelle auf dem Wiesbadener Friedhof, ist 1531 zum letzten Mal ein Altarist archivalisch bezeugt. Rossel vermutet eine Zerstörung der Kapelle beim Stadtbrand 1547. Renkhoff zeigt, dass die Kapelle im Jahr zuvor verkauft worden war und dass 1563 Arbeiten am *ossorium* stattgefunden haben.[49] Vielleicht hat man also das Beinhaus nach dem Brand wieder repariert, den Kapellenraum jedoch nicht. Heute erinnert nur noch der Straßenname „Michelsberg" an die Kapelle.

„Grundriss von der Wißbadener Gemarckung", 1701; am oberen Rand ist noch ein Bildstock verzeichnet (Pfeil).

139

Darstellung des Erzengels Michael. Mittelrhein unter kölnischem Einfluss, Holz, um 1460/70. Heute im Museum Wiesbaden.

Schnell den Besitzer wechselten auch die Hospital- und die Georgskapelle: Schon 1549 wurden die Zinsgefälle beider Kapellen im gräflichen Keller verbucht.[50] Die Georgskapelle könnte bei einem der Stadtbrände zerstört worden sein. Das Hospitalgebäude wurde im Dreißigjährigen Krieg zerstört, und dabei wird auch die Hospitalkapelle verloren gegangen sein. Das neue, 1785 errichtete Hospital hatte keine eigene Kapelle. Die Kapellen im Burgbezirk fanden schon 1559 keine Erwähnung mehr.

Die Liebfrauenkapelle „auf dem Sande" hatte länger Bestand. Rossel führt eine Quelle an, die besagt: „1567 drei Wochen vor Michael ist die Brück bei unserer lieben Frawen gewelbeth worden."[51] Außerdem bezieht sich Rossel auf einen Autor aus der Mitte des 18. Jahrhunderts, dem zufolge die Kapelle damals noch stand, aber „zu einem anderweitigen Gebrauch angewendet" wurde. Über diesen „anderweitigen Gebrauch" liest man in den Nassauischen Annalen 1962: 1718 wurde die „alte Capell", die zeitweilig als Gärtnerwohnung gedient hatte, zum Schlachthaus umfunktioniert. Das seit 1690 genutzte Schlachthaus, das vorher als Mehlwaage gedient hatte, war damals so baufällig geworden, dass sich die Metzger nach eigener Aussage nicht mehr trauten, einen Ochsen an den Balken zu hängen. Sie baten deshalb erfolgreich um die Erlaubnis, das offenbar immer noch tragfähige Gewölbe der Kapelle nutzen zu dürfen.[52]

Auch für die meisten Gegenstände in den Kirchen und Kapellen verlieren sich die Spuren. Christian Spielmann berichtet von Mauritiusreliquien in der Wiesbadener Hauptkirche, die man auch wegen des Patroziniums annehmen darf, aber es ist unbekannt, in welcher Form sie aufbewahrt wurden und ob sie

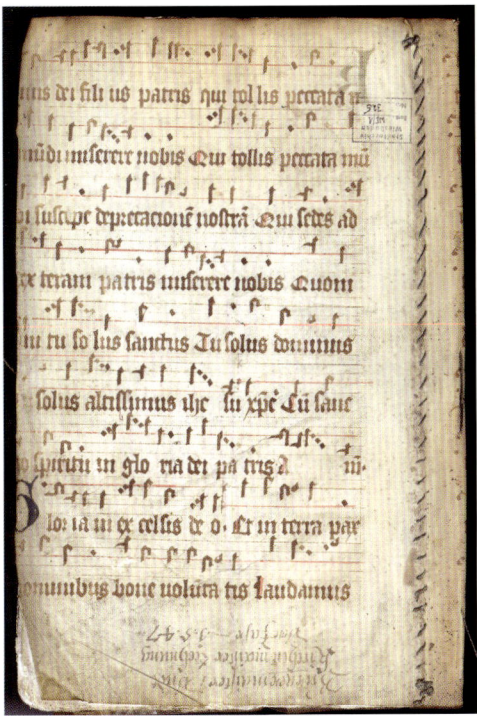

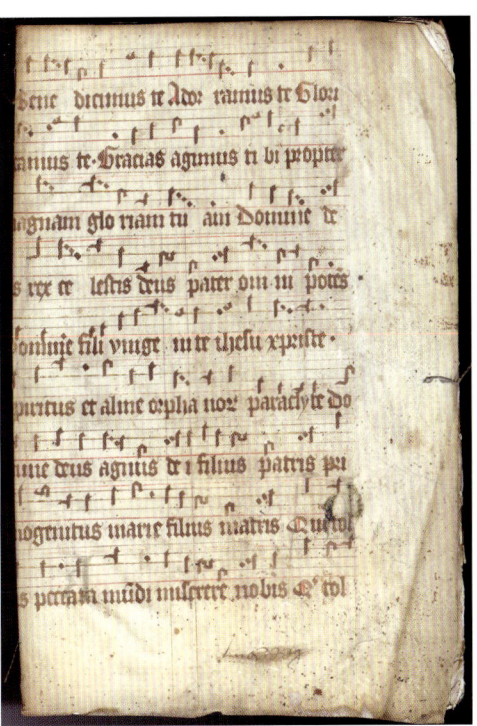

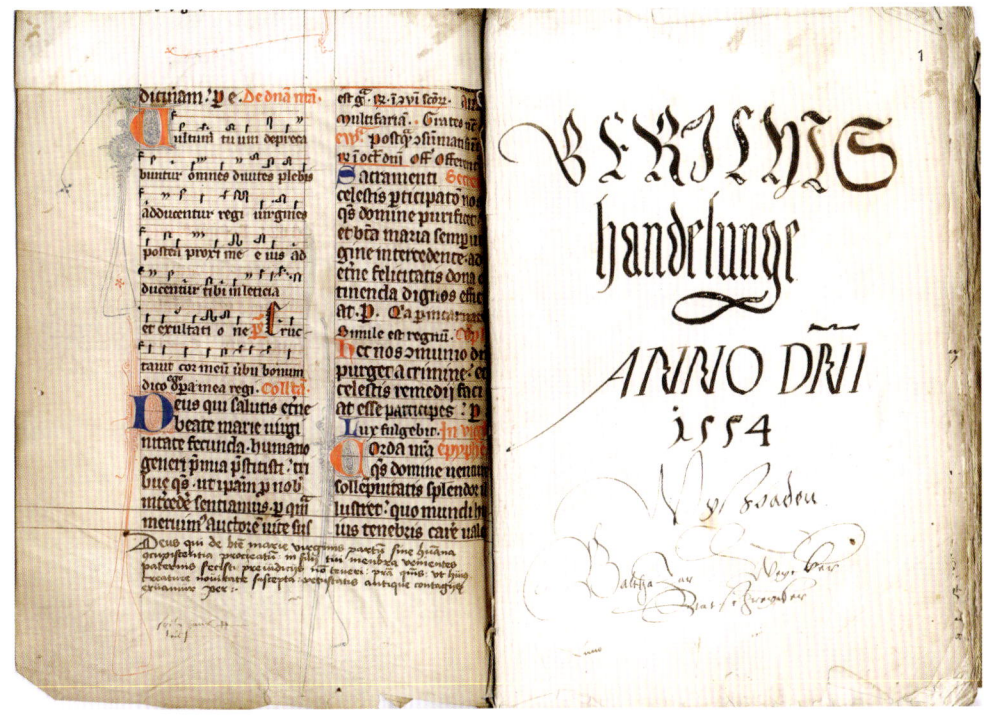

*„Recycling" von Hand-
schriften. Einige veraltete
Pergament-Handschriften
wurden als Umschläge wei-
terverwendet.*

Paul Gerhardt, Darstellung in der Wiesbadener Ringkirche.

möglicherweise erst mit dem Brand der Mauritiuskirche 1850 oder dem Abriss der verbliebenen Reste zerstört wurden.[53] Die Nebenaltäre von St. Mauritius wurden 1619 aus der Kirche geschafft. Von anderen Dingen wissen wir, dass sie zunächst noch in der Mauritiuskirche verwahrt wurden, aber nicht mehr im Kirchenraum: „1566 den 5. Merz aufs gewelb gethan", zitiert Rossel die Quellen für 26 Messgewänder aus St. Mauritius.[54] Über den Verbleib der Klarenthaler Reliquie(n) ist nichts bekannt. Einige Dinge haben die letzten Nonnen mit gräflicher Erlaubnis ins Kloster Walsdorf mitgenommen. Überflüssig gewordene Handschriften für den Gebrauch im Gottesdienst wurden oft wiederverwendet. Auf teurem, haltbarem Pergament geschrieben, wurden sie von späteren Schreibern einfach zerlegt und als feste Umschläge für ihre eigenen Aufzeichnungen, Protokolle und Rechnungen verwendet. Solcherart gebundene Archivalien finden sich im Hessischen Hauptstaatsarchiv und im Stadtarchiv Wiesbaden mehrfach für den Wiesbadener Raum.

Neue Formen: Pfarrer, Predigtgottesdienste und Gemeindegesang

Wie ging es weiter? Die neuen Entwicklungen können wir hier nur anreißen. Viele Traditionslinien führen uns ins Heute. Von Anfang an war der Predigtgottesdienst, auf den die Pfarrer viel Mühe und Arbeitszeit verwendeten, in den lutherischen und reformierten Kirchen zentral. In der Argumentation von Pfarrer Hieronymus Günther aus Bierstadt ist uns das schon begegnet: Er könne nicht auch noch den Bierstadter Kindern Lesen, Schreiben und Rechnen beibringen, wenn er eine gute Predigt vorbereiten solle. Aus einer sehr besonderen historischen Quelle aus Wiesbaden, dem Tagebuch des Bauern Friedrich Ludwig Burk (1806–1866 geführt), kann man ersehen, wie wichtig Predigten und Gottesdienste auch für die Gemeindemitglieder waren.[55] Burks Tagebuch stammt zwar aus einer späteren Zeit, ist dafür aber ein einzigartiges Dokument für die Ansichten eines „einfachen Man-

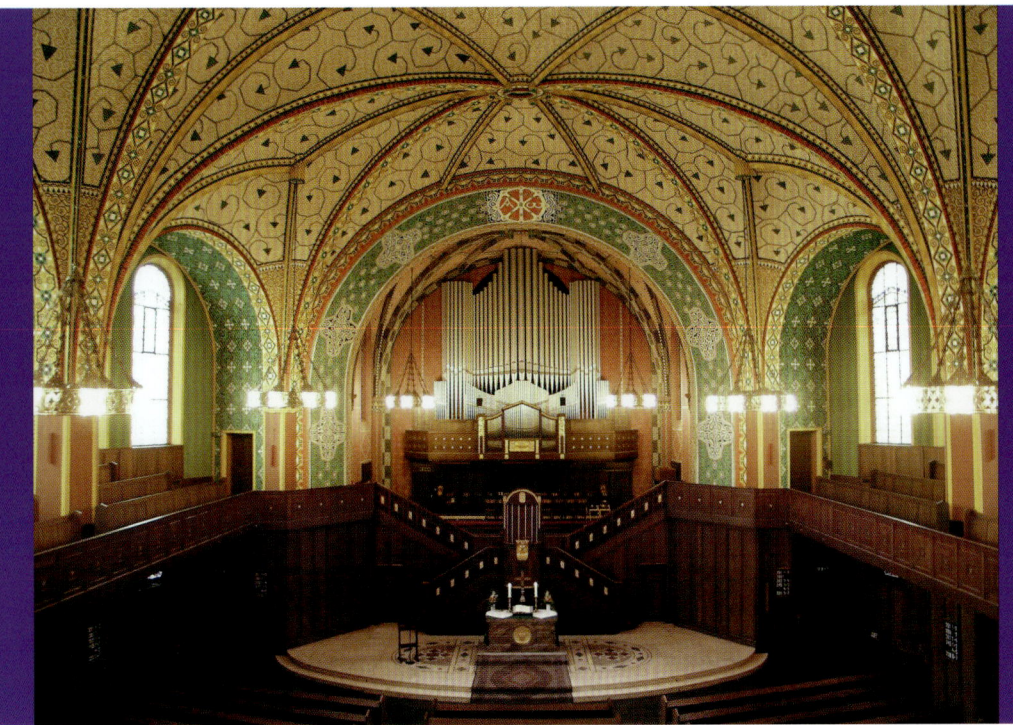

Lutherkirche. In der Luther-kirche sind die Sängerempore und der Orgelprospekt über dem Altar und der Kanzel angeordnet. Diese Achse folgt dem „Wiesbadener Pro-gramm".

nes". Immer wieder verzeichnete Friedrich Burk, wer und worüber gepredigt wurde – neben seinen Notizen zur Landwirtschaft und Stadtentwicklung. Sogar, welche Lieder gesungen wurden, notierte er, zum Beispiel: „Den 10ten Dec[em]b[er] wurde ein Friedefest gefeiert, die Predigt hat H[err] Pfarrer Heidnereich gethan; der vorgeschriebene Text stehet Jeremia 29 V[ers] 11 b[is] 14, gesungen wurde das Lied 547. / Den 13ten habe ich das Fäßchen Honig von Walauf [= Walluf] dem Apodeker Lade gefahren […]"[56]

Zur guten Predigtvorbereitung gehörte ein Studium, immer wieder forderten die Menschen einen „gelehrten" Prediger: In den Querelen um die Stellenbesetzung in Schierstein kam dieses Thema immer wieder auf, und in der Bestallungsurkunde für Wolf Denthener wurde vermerkt, dass er ein gelehrter Mann sei. Mit dem Studium, der Erlaubnis, Familien zu haben und den neuen Aufgaben entstand ein ganz neuer Berufsstand, der des evangelischen Pfarrers.[57]

DIE VIER SOLI

Die Quintessenz von Luthers Überzeugungen kann man in den sogenannten vier Soli zusammenfassen: *Sola scriptura* – allein durch die Schrift, die Bibel, gelangen die Menschen zum Heil. *Sola fide* – allein durch den Glauben, nicht durch gute Werke, sind sie vor Gott gerechtfertigt. *Sola gratia* – allein durch Gottes Gnade werden sie angenommen. *Solus Christus* – nur durch Christus finden die Menschen das Heil.

Noch ein weiteres Merkmal des evangelischen Gottesdienstes und evangelischer Identität sei angesprochen: der Gemeindegesang. Schon seit Luthers Lieddichtungen nimmt der gemeinsame Gesang, von der Orgel begleitet, einen wichtigen Platz im Gottesdienst ein. „Den ersten Platz nach der Theologie gebe ich der Musik", hat Luther gesagt, und in den protestantischen Kirchen ist das umgesetzt worden.[58]

Solus Christus

Die ersten beiden Kunstwerke, die aus unserem Untersuchungsgebiet aus lutherischer Zeit belegt sind, sind eine Kanzel für St. Mauritius und ein Altarkreuz für die Kirche in Nordenstadt. Die Predigt wurde für die Protestanten zum zentralen Element der Gottesdienste, und damit man die Pfarrer gut hören konnte, erhielten auch die Kirchen, die bislang keine Kanzel hatten, eine entsprechende Ausstattung. 1592 stiftete der Amtmann Hans Bernhard von Langeln – beziehungsweise, wie Yvonne Monsees und Rüdiger Fuchs zeigen, seine Witwe in seinem Namen – eine Kanzel für St. Mauritius.[59] Die Kanzel hatte einen achteckigen Korb, der auf einer glatten, runden Steinsäule ruhte. Der Kanzelkorb war an einer Seite offen, die anderen sieben Seiten hatten Füllungen von Holztafeln. Auf einer dieser Tafeln war eine Stifterinschrift angebracht, eine weitere war mit dem Bildnis des Gekreuzigten geschmückt. Die Kanzel ist beim Brand 1850 verloren gegangen. Insofern wissen wir keine Details über die Darstellung Christi. Betrachten können wir aber das Kreuz in Nordenstadt, das im Kapitel „Wiesbaden vor 500 Jahren" schon angesprochen wurde. Wahrscheinlich wurde es in den 1570er/80er Jahren in Mainz gefertigt, und es könnte das älteste nachreformatorische Kruzifix der Landgrafschaft Hessen-Darmstadt sein.[60] Die naturalistische Wirkung des am Kreuz hängenden Körpers wird durch die farbige Fassung des Holzes noch verstärkt. Rot läuft das Blut aus den Wunden des Erlösers. Groß wirkt er über dem Altar, in der Blickachse der Kirche.

Es mag ein Zufall sein, dass diese beiden ersten lutherischen Kunstwerke hier Christus am Kreuz zeigen – und auch wieder nicht. *Solus Christus* – allein durch Christus gelangt man zum Heil, davon war Luther überzeugt. Die vier Soli sind ein Kondensat evangelischer Überzeugungen, und drei davon wurden in den bisherigen Überlegungen schon aufgegriffen. Mit diesem Viertem, *solus Christus*, beschließen wir nun die Reformationsgeschichte Wiesbadens. Die evangelisch-lutherische Kirche war noch jung, vieles musste sich erst noch finden, die Konfessionskriege brachten unendlich viel Leid, aber der Anfang war gemacht.

Anmerkungen zum Kapitel

1 Renkhoff, Otto: Wiesbaden im Mittelalter. Wiesbaden, 1980, S. 187 f.

2 Czysz, Walter: Sonnenberg. Die Geschichte eines nassauischen Burgfleckens vom Mittelalter bis zur Eingemeindung nach Wiesbaden. Nach Urkunden, Gerichts- und Kirchenakten sowie anderen Dokumenten. Wiesbaden, 1996; Renkhoff, Otto und Walt Czysz: Sonnenberg. In: Nassauische Annalen 112, 2001, S. 1–57.

3 HHStAW 137 Sonnenberg Bl. 52.

4 Eines davon, wie die Mutter auf den Namen Margarethe getauft, brachte durch Heirat den Sonnenburger Besitz später in die Familie von Stein.

5 Sein Vater Martin war Sekretär des Grafen in Idstein und selbst schon Stipendiat einer Sonnenberger Institution gewesen: Er hatte seine Studien durch die Einkünfte des Katharinenaltares auf der Burg finanzieren können. Czysz, 1996, S. 78 ff. und S. 88 ff.; Monsees, Yvonne und Rüdiger Fuchs: Die Inschriften der Stadt Wiesbaden. Wiesbaden, 2000, Nr. 67, Anm. 10.

6 Geißler, Hermann Otto: Die Reformation in Wiesbaden. In: Jahrbuch der Hessischen kirchengeschichtlichen Vereinigung 35/1984, S. 331–349, hier S. 341; ders.: Nikolaus Gompe von Rauenthal (1423–1594) und die Reformation in der Grafschaft Nassau – Wiesbaden/Idstein. Unveröffentlichtes Manuskript, 2017.

7 Renkhoff, 1980, S. 357 f.

8 Ebd., S. 341 f.; Struck, Wolf-Heino: Die Geschichte der Kirche und Pfarrei zu Schierstein. In: Kirchenvorstand der Evangelischen Kirche Wiesbaden-Schierstein (Hg.): Evangelisches Hausbuch. Zur 200-Jahr-Feier der Evangelischen Kirche Wiesbaden-Schierstein. Wiesba-

Der Kruzifixus aus Nordenstadt.

den, 1954, S. 5–63; ders.: 1000 Jahre Wiesbaden-Schierstein. Zur Geschichte der Weinkultur in urbanisierter Zone am Rande des Rheingaus. Wiesbaden, 1973.

9 Struck, in: Kirchenvorstand der Evangelischen Kirche Wiesbaden-Schierstein (Hg.), 1954, S. 13.

10 Renkhoff, 1980. S. 342.

11 Struck, in: Kirchenvorstand der Evangelischen Kirche Wiesbaden-Schierstein (Hg.), 1954, S. 14.

12 HHStAW 137 Wiesbaden 162, Bl.8–20 und Renkhoff, 1980, S. 341.

13 Struck, in: Kirchenvorstand der Evangelischen Kirche Wiesbaden-Schierstein (Hg.), 1954, S. 9.

14 Wolf, Stefan G.: Kirchen in Wiesbaden. Gotteshäuser und religiöses Leben in Geschichte und Gegenwart. Wiesbaden, 1997, S. 61.

15 Zit. nach: Struck, in: Kirchenvorstand der Evangelischen Kirche Wiesbaden-Schierstein (Hg.), 1954, S. 15.

16 Schliephake, F. W. Theodor und Karl Menzel: Geschichte von Nassau. Bd. 5, Wiesbaden, 1879, hier S. 608. Zu Philipp dem Altherrn siehe: ebd., S. 525–623.

17 Nebe, August: Zur Geschichte der evangelischen Kirche in Nassau III. Herborn, 1866, S. 59 und Geißler, 1984, S. 334.

18 Zit. nach Nebe, 1866, S. 13.

19 Genau diese Punkte wurden seit den 1530ern für die Kirchenordnungen diskutiert. Siehe dazu: Seebaß, Gottfried: Evangelische Kirchenordnung im Spannungsfeld von Theologie, Recht und Politik: Die Gutachten der Nürnberger Juristen zum Entwurf der Brandenburgisch-nürnbergischen Kirchenordnung von 1533 und ihre Bedeutung für deren endgültige Gestalt. In: Roll, Christine (Hg.): Recht und Reich im Zeitalter der Reformation. Festschrift für Horst Rabe. Frankfurt am Main, [2]1977, S. 231–273.

20 Zit. nach Geißler, 1984, S. 334.

21 Wunderer, Hartmut: Alltag, Kultur und große Politik. Wiesbadener Stadtgeschichte in Quellen und Kommentaren. Heft 1: Vom Spätmittelalter bis zum Kaiserreich. Fuldatal und Wiesbaden, 1996, S. 23 ff.

22 Zit. nach Wunderer, 1996, S. 24.

23 Siehe Kapitel „Wiesbaden vor 500 Jahren". Fritzsche, Wolfgang: 300 Jahre jüdisches Kur- und Badewesen in Wiesbaden. Ein Beitrag zur jüdischen Geschichte Wiesbadens. Wiesbaden, 2014; Otto, Friedrich: Die Juden in Wiesbaden. In: Annalen des Vereins für Nassauische Alterthumskunde und Geschichtsforschung 23, 1891, S. 129–148 und Renkhoff, 1980, S. 348–350.

24 MacCulloch, Diarmaid: Die Reformation 1490–1700. München 2008, hier S. 362.

25 Renkhoff, 1980. S. 282.

26 Zum Interim: Leppin, Volker: Das Zeitalter der Reformation. Eine Welt im Übergang. Darmstadt, 2009; MacCulloch, 2008; und Schorn-Schütte, Luise (Hg.): Das Interim 1548/50. Herrschaftskrise und Glaubenskonflikt. Heidelberg, 2005.

27 Schorn-Schütte, Luise: Die Reformation. Vorgeschichte, Verlauf, Wirkung. München, 2016, S. 87.

28 Geißler, 1984 und 2016.

29 Geißler, 2016.

30 Zit. nach Nebe, 1865/66, S. 10.

31 Ebd.

32 Ebd.

33 Nebe, 1866, S. 13.

34 Ebd., S. 12; Otto, Friedrich: Berichte über die Visitationen der nassauischen Kirchen des Mainzer Sprengels in den Jahren 1548–1550. In: Evangelisches Gemeindeblatt 12, 1892, Dillenburg(?), S. 427–436.

35 Nebe, 1866, S. 12.

36 Schliephake, F. W. Th.: Geschichte von Nassau. Band V von Karl Menzel. Wiesbaden, 1879, S. 608; Zitat nach Geißler, 1984, S. 347.

37 S. dazu: Arend, Sabine: Die Evangelischen Kirchenordnungen des XVI. Jahrhunderts. 10. Band, Hessen III. Tübingen, 2012, darin insbes. S. 52 f. und 358–368.

38 Schweitzer, Friedrich: Die Reformation als Bildungsbewegung – nicht nur im schulischen Bereich. Ausgangspunkte, Wirkungsgeschichte, Zukunftsbedeutung. In: Heckel, Ulrich u. a. (Hg.): Luther heute. Ausstrahlungen der Wittenberger Reformation. Tübingen, 2017, S. 275–293.

39 Kopp, 1998, S. 19.

40 Dauber, Helmut: Bierstadter Schulgeschichte 1576–1918. Wiesbaden-Erbenheim, 1992.

41 Dauber, 1992, S. 6.

42 Für das Folgende: Bringmeier, Martha: Priester- und Gelehrtenkleidung. Ein Beitrag zur geistesgeschichtlichen Kostümforschung. Tunika, Sutane, Schaube, Talar. Münster, 1974.

43 Bringmeier, 1974, S. 44.

44 Zit. nach: Bringmeier, 1974, S. 45.

45 HHStaW 131 X a 1, pag. 12 f. Eine vollständige Abschrift findet sich bei Geißler, Hermann Otto: Nikolaus Gompe von Rauenthal (1523–1594) und die Reformation in der Grafschaft Nassau-Idstein/Wiesbaden. Manuskript 2016.

46 Roth, F. W. E.: Geschichte und historische Topographie der Stadt Wiesbaden im Mittelalter und der Neuzeit. Wiesbaden, 1883, S. 272.

47 Rossel, 1852, S. 6.

48 Renkhoff, Otto: Wiesbaden im Mittelalter. Wiesbaden, 1980; Rossel, K.: Die kirchlichen Altertümer von Wiesbaden. In: Verein für Nassauische Alterthumskunde und Geschichtsforschung: Denkmäler von Nassau. Wiesbaden, 1852, S. 1–33.

49 Renkhoff, 1980, S. 180.

50 Ebd., S. 181.

51 Rossel, 1852, S. 4.

52 Eichhorn, Egon: Metzgerwesen, Fleischbeschau und Fleischhygiene in Nassau-Idstein und im Herzogtum Nassau mit besonderer Berücksichtigung der Stadt Wiesbaden. In: Nassauische Annalen 73, 1962, S. 204–245.

53 Spielmann, Christian: Geschichte von Nassau (Land und Haus). Von den ältesten Zeiten bis zur Gegenwart. Teil 2: Kultur- und Wirtschaftsgeschichte. Wiesbaden, 1926, S. 522 ff.

54 Rossel, 1852, S. 10.

55 Dollwet, Jochen und Thomas Weichel (Hg.): Das Tagebuch des Friedrich Ludwig Burk. Aufzeichnungen eines Wiesbadener Bürgers und Bauern 1806–1866. 3. Auflage Wiesbaden, 1994.

56 Zit. nach Dollwet/Weichel (Hg.), 1994, S. 53.

57 Spannend hierzu: Goodale, Jay: Pfarrer als Außenseiter. Landpfarrer und religiöses Leben in Sachsen zur Reformationszeit. In: Historische Anthropologie 7, 1999, S. 191–211.

58 Schilling, Johannes: Luther, die Musik und der Gottesdienst. In: Heckel, Ulrich u. a. (Hg.): Luther heute. Ausstrahlungen der Wittenberger Reformation. Tübingen, 2017, S. 194–210, hier S. 194.

59 Monsees, Yvonne und Rüdiger Fuchs: Die Inschriften der Stadt Wiesbaden. Wiesbaden, 2000, Nr. 81 und 83.

60 Schmidt, Frank: Kirchenbau und Kirchenausstattung in der Landgrafschaft Hessen-Darmstadt von der Reformation bis 1803. Diss., Heidelberg, 1993, 2 Bde., hier Bd. 1, S. 230 f.

LITERATURVERZEICHNIS

- Arend, Sabine: Die Evangelischen Kirchenordnungen des XVI. Jahrhunderts. 10. Band, Hessen III. Tübingen, 2012.
- Becht, Alwin: Aus der Geschichte der Nauroder Kirche. In: Nickel, 1995, S. 49–55.
- Bringmeier, Martha: Priester- und Gelehrtenkleidung. Ein Beitrag zur geistesgeschichtlichen Kostümforschung. Tunika, Soutane, Schaube, Talar. Münster, 1974.
- Bubner, Berthold: Wiesbaden. Baudenkmale und historische Stätten. Wiesbaden, 1993.
- Clemenz, Wolfgang: 725 Jahre Rambach. Rambach und die Welt. Ein geschichtlicher Abriss. O. O., 1989
- Czysz, Walter: Klarenthal bei Wiesbaden. Ein Frauenkloster im Mittelalter. Wiesbaden, 1987.
- Czysz, Walter: Sonnenberg. Die Geschichte eines nassauischen Burgfleckens vom Mittelalter bis zur Eingemeindung nach Wiesbaden. Nach Urkunden, Gerichts- und Kirchenakten sowie anderen Dokumenten. Wiesbaden, 1996.
- Czysz, Walter: Vom Römerbad zur Weltkurstadt. Geschichte der Wiesbadener heißen Quellen und Bäder. Wiesbaden, 2000.
- Dauber, Helmut: Bierstadter Schulgeschichte 1576–1918. Wiesbaden-Erbenheim, 1992.
- Dickmann, Friedrich: Das Schicksal der Elisabethreliquien. In: 700 Jahre Elisabethkirche in Marburg 1283–1983. Katalog zur Ausstellung der Universitätsbibliothek Marburg 1983. Marburg, 1983, S. 35–38.
- Dollwet, Jochen und Thomas Weichel (Hg.): Das Tagebuch des Friedrich Ludwig Burk. Aufzeichnungen eines Wiesbadener Bürgers und Bauern 1806–1866. 3. Auflage Wiesbaden, 1994.
- Ehmer, Hermann: Erhard Schnepf und die Reformation in Württemberg. In: Hermle (Hg.), 1999, S. 255–288.
- Eichenberger, Walter und Henning Wendland: Deutsche Bibeln vor Luther. Die Buchkunst der achtzehn deutschen Bibeln zwischen 1466 und 1522. Hamburg, 1977.
- Eichhorn, Egon: Metzgerwesen, Fleischbeschau und Fleischhygiene in Nassau-Idstein und im Herzogtum Nassau mit besonderer Berücksichtigung der Stadt Wiesbaden. In: Nassauische Annalen 73, 1962, S. 204–245.
- Even, Pierre: Dynastie Luxemburg-Nassau. Esch-sur-Alzese, 2000.
- Faber, Rolf: 800 Jahre Kirche in Dotzheim 1184–1984. Beilage zum Mitgliederrundbrief des Heimat- und Verschönerungsvereins Dotzheim e. V. vom 17.12.1984.
- Faber, Rolf: Die Reformation in Mosbach-Biebrich. Wiesbaden-Biebrich, 1984.
- Faber, Rolf und Wolfgang Fritzsche: Synagogen, Badehaus, Hofreite. Jüdische Bauten in Wiesbaden. Wiesbaden, 2012.
- Fabian, Bernhard: Handbuch der historischen Buchbestände in Deutschland, Österreich, Europa. Als Datenbank unter http://fabian.sub.uni-goettingen.de/

- Frenz, Willi: Kurzgefasste Geschichte von Mainz-Kostheim. Hg. vom Heimatgeschichtsverein Mainz Kostheim. Kostheim, 2011.
- Fritzsche, Wolfgang: 300 Jahre jüdisches Kur- und Badewesen in Wiesbaden. Ein Beitrag zur jüdischen Geschichte Wiesbadens. Wiesbaden, 2014.
- Geißler, Hermann Otto: Die Reformation in Wiesbaden. In: Jahrbuch der Hessischen kirchengeschichtlichen Vereinigung 35/1984, S. 331–349.
- Geißler, Hermann Otto: Nikolaus Gompe von Rauenthal (1423–1594) und die Reformation in der Grafschaft Nassau – Wiesbaden/Idstein. Unveröffentlichtes Manuskript, 2017
- Gemeinde Medenbach (Hg.): Chronik der Gemeinde Medenbach. Herausgegeben nach der Eingemeindung der Gemeinde Medenbach zur Landeshauptstadt Wiesbaden. Wiesbaden-Erbenheim, 1984.
- Gemeindevorstand der Gemeinde Nordenstadt (Hg.): 1025 Jahre Gemeinde Nordenstadt. Wallau, 1975.
- Götting, Franz und Ruprecht Leppla: Geschichte der Nassauischen Landesbibliothek zu Wiesbaden und der mit ihr verbundenen Anstalten 1813–1914. Festschrift zur 150-Jahr-Feier der Bibliothek. Wiesbaden, 1963.
- Goodale, Jay: Pfarrer als Außenseiter. Landpfarrer und religiöses Leben in Sachsen zur Reformationszeit. In: Historische Anthropologie 7, 1999, S. 191–211.
- Hartmann, Julius: Erhard Schnepf, der Reformator in Schwaben, Nassau, Hessen und Thüringen. Aus den Quellen dargestellt. Tübingen, 1870.
- Heckel, Ulrich u. a. (Hg.): Luther heute. Ausstrahlungen der Wittenberger Reformation. Tübingen, 2017.
- Heimat- und Geschichtsverein Igstadt (Hg.): Igstadter Geschichte(n). Von den Anfängen bis ins 19. Jahrhundert. Chronik 1. Wiesbaden, 2008.
- Heinemeyer, Walter (Hg.): Philipp der Großmütige und die Reformation in Hessen. Gesammelte Aufsätze zur hessischen Reformationsgeschichte. Marburg, 1997.
- Hermle, Siegfried (Hg.): Reformationsgeschichte Württembergs in Portraits. Holzgerlingen, 1999.
- Heyne, W.: Das Kirchen- und Pfarrvermögen der Gemeinde Nordenstadt. Gedruckte Fassung eines Vortrags im Leseverein Nordenstadt. Wiesbaden, 1904.
- Historische Werkstatt Nordenstadt – Verein für Heimatgeschichte e. V. Wiesbaden-Nordenstadt (Hg.): Das Ländchen. Ein heimatkundliches Lesebuch. Wiesbaden, 2013.
- Huyskens, Albert: Quellenstudien zur Geschichte der hl. Elisabeth, Landgräfin von Thüringen. Marburg, 1908.
- Joachim, Ernst: Des Stadtpfarrers Anton Weber zu Idstein Synodal-Chronik der Diözese Idstein 1577–1595. In: Annalen des Vereins für Nassauische Alterthumskunde und Geschichtsforschung 18, 1883/84, S. 55–84.

- Jürgensmeier, Friedhelm, Franziskus Büll OSB und Regina Elisabeth Schwerdtfeger (Hg.): Die benediktinischen Mönchs- und Nonnenklöster in Hessen. Germania Benedictina VII. St. Ottilien, 2004.
- Kopp, Klaus: 650 Jahre Naurod. Ein nassauisches Dorf feiert. Hg. vom Geschichts- und Heimatverein Naurod. Nauroder Hefte, 1997.
- Kopp, Klaus: Dotzheim. Vom Fränkischen Weiler zum größten Dorf des Nassauer Landes. Ein geschichtlicher Überblick. Wiesbaden, 1998.
- Kirchenvorstand der Evangelischen Kirche Wiesbaden-Schierstein (Hg.): Evangelisches Hausbuch. Zur 200-Jahr-Feier der Evangelischen Kirche Wiesbaden-Schierstein. Wiesbaden, 1954.
- Lampe, Karl H.: Beiträge zur Geschichte des Deutschordensbesitzes in Nassau, besonders im Mittelalter. In: Nassauische Annalen 81, 1971, S. 1–68.
- Lenkungsausschuss Rambach (Hg.): 750 Jahre Rambach. Ein historischer Streifzug. O. O., 2014.
- Leonhard, Joachim-Felix: Biblia. Deutsche Bibeln vor und nach Martin Luther. Katalog zur Ausstellung der Universitätsbibliothek Heidelberg 1982/83. Heidelberg, 1982.
- Leppin, Volker: Reformation. Kirchen- und Theologiegeschichte in Quellen III. Neukirchen-Vluyn, 2005.
- Leppin, Volker: Das Zeitalter der Reformation. Eine Welt im Übergang. Darmstadt, 2009.
- MacCulloch, Diarmaid: Die Reformation 1490–1700. München, 2008.
- Magistrat der Landeshauptstadt Wiesbaden (Hg.): Wiesbaden. Das Stadtlexikon. Redaktion: Cornelia Röhlke und Brigitte Streich. Darmstadt, 2017.
- Mayer, Ute und Rudolf Steffens: Die spätmittelalterlichen Urbare des Heiliggeist-Spitals in Mainz. Edition und historisch-wirtschaftsgeschichtliche Erläuterungen. [= Veröffentlichungen des Instituts für geschichtliche Landeskunde an der Universität Mainz 36] Stuttgart, 1992.
- Monsees, Yvonne und Rüdiger Fuchs: Die Inschriften der Stadt Wiesbaden. Wiesbaden, 2000.
- Nebe, August: Zur Geschichte der Evangelischen Kirche in Nassau, III. Abteilung. Die Reformation der Grafschaft Idstein-Wiesbaden. In: Denkschrift des Evangelischen Seminars zu Herborn für die Jahre 1865 und 1866, S. 2–23.
- Nickel, Wolfgang u. a. (Hg): 650 Jahre Naurod. 1346–1996. Nauroder Chronik bis zur Gegenwart. Wiesbaden-Erbenheim, 1995.
- Noll, Christof und Johannes Burkhard: Bleidenstadt. In: Jürgensmeier/Büll/Schwerdtfeger (Hg.), 2004, S. 73–90.
- Ortsverein Wiesbaden-Kloppenheim (Hg.): Kloppenheim von 927–2002. Festschrift zur 1075-Jahr-Feier von Wiesbaden-Kloppenheim. Ilsede, 2002.
- Otto, Friedrich: Die Einführung der Reformation in Wiesbaden. In: Evangelischen Gemeindeblatt (Dillenburg?) 10, 1890, Nr. 40–42.

- Otto, Friedrich: Die Juden in Wiesbaden. In: Annalen des Vereins für Nassauische Alterthumskunde und Geschichtsforschung 23, 1891, S. 129–148
- Otto, Friedrich: Berichte über die Visitationen der nassauischen Kirchen des Mainzer Sprengels in den Jahren 1548–1550. In: Evangelisches Gemeindeblatt 12, 1892, Dillenburg(?), S. 427–436.
- Otto, Friedrich: Verzeichnis der Güter des Klosters Eberbach im Rheingau in der Feldmark von Wiesbaden im Anfang des 14. Jahrhunderts. In: Nassauische Annalen 32, 1901, S. 105–121.
- Peltzer, Hans: Daten zur Geschichte der evangelischen Gemeinde und Kirche von Wiesbaden-Bierstadt. Typoskript, 2016.
- Pfarrgemeinderatsausschuss 1200 Jahre St. Ferrutius der Katholischen Kirchengemeinde St. Ferrutius, Taunusstein-Bleidenstadt (Hg.): 1200 Jahre St. Ferrutius. Keimzelle des Glaubens und der Kultur 812–2012. Klingenberg, 2012.
- Renkhoff, Otto: Wiesbaden im Mittelalter. Wiesbaden, 1980.
- Renkhoff, Otto: Nassauische Biographie. Kurzbiographien aus 13 Jahrhunderten. 2., überarbeitete Auflage, Wiesbaden, 1992.
- Renkhoff, Otto und Walt Czysz: Sonnenberg. In: Nassauische Annalen 112, 2001, S. 1–57.
- Roll, Christine (Hg.): Recht und Reich im Zeitalter der Reformation. Festschrift für Horst Rabe. 2. Auflage Frankfurt am Main, 1977.
- Rossel, K.: Die kirchlichen Alterthümer von Wiesbaden. In: Verein für Nassauische Alterthumskunde und Geschichtsforschung (Hg.): Denkmäler aus Nassau 1, 1852 S. 1–33.
- Roth, F. W. E.: Geschichte und historische Topographie der Stadt Wiesbaden im Mittelalter und der Neuzeit. Wiesbaden, 1883.
- Schedl, Michaela: Tafelmalerei der Spätgotik am Südlichen Mittelrhein. [= Quellen und Abhandlungen zur mittelrheinischen Kirchengeschichte 135] Mainz, 2016.
- Schilling, Johannes: Luther, die Musik und der Gottesdienst. In: Heckel (Hg.), 2017, S. 194–210.
- Schindling, Anton und Walter Ziegler (Hg.): Die Territorien des Reichs im Zeitalter der Reformation und Konfessionalisierung. Land und Konfession 1500–1650. Band 6, Münster, 1996.
- Schliephake, F. W. Th.: Geschichte von Nassau I – IV (1866–1875). Band V von Karl Menzel. Wiesbaden, 1879.
- Schmidt, Wilhelm: Der Weilburger Reformator Dr. Erhard Schnepf (01.11.1495–01.11.1558). Ein Lebensbild. O. O., 1995.
- Schorn-Schütte, Luise (Hg.): Das Interim 1548/50. Herrschaftskrise und Glaubenskonflikt. Heidelberg, 2005.
- Schorn-Schütte, Luise: Die Reformation. Vorgeschichte, Verlauf, Wirkung. 6. Auflage München, 2016.

- Schweitzer, Friedrich: Die Reformation als Bildungsbewegung – nicht nur im schulischen Bereich. Ausgangspunkte, Wirkungsgeschichte, Zukunftsbedeutung. In: Heckel (Hg.), 2017, S. 275–293.
- Schwennicke, Detlev (Hg.): Europäische Stammtafeln, N. F., Band VII. Düsseldorf, 1978.
- Seebaß, Gottfried: Evangelische Kirchenordnung im Spannungsfeld von Theologie, Recht und Politik: Die Gutachten der Nürnberger Juristen zum Entwurf der Brandenburgisch-nürnbergischen Kirchenordnung von 1533 und ihre Bedeutung für deren endgültige Gestalt. In: Roll (Hg.), 1977, S. 231–273.
- Sommer, Günter Fr. Chr.: Medenbacher Tagebuch. 900 Jahre Geschichte der Menschen, der Landschaft und des Dorfes Medenbach (Landeshauptstadt Wiesbaden). Wiesbaden, 2006.
- Spielmann, Christian: Geschichte von Nassau (Land und Haus). Von den ältesten Zeiten bis zur Gegenwart. Teil 2: Kultur- und Wirtschaftsgeschichte. Wiesbaden, 1926.
- Stienicka, Norbert (Hg.): „Mit dem Glauben Staat machen." Beiträge zum Evangelischen Philipps-Jahr 2004. Darmstadt und Kassel, 2005.
- Struck, Wolf-Heino: Die Geschichte der Kirche und Pfarrei zu Schierstein. In: Kirchenvorstand der Evangelischen Kirche Wiesbaden-Schierstein (Hg.), 1954, S. 5–63.
- Struck, Wolf-Heino: Staat und Stadt in der älteren Geschichte Wiesbadens. In: Hessisches Jahrbuch für Landesgeschichte 14, 1964, S. 22–66.
- Struck, Wolf-Heino: 1000 Jahre Weinbau in Wiesbaden-Schierstein. Zur Geschichte der Weinkultur in urbanisierter Zone am Rande des Rheingaus. Wiesbaden, 1973.
- Von Fircks, Juliane: Bestandskatalog der Skulpturensammlung des Mittelalters 12. bis 16. Jahrhundert im Museum Wiesbaden. Unveröffentlichtes Manuskript.
- Weiß, Dieter J.: Deutscher Orden. In: Schindling/Ziegler (Hg.), 1996, S. 224–248.
- Wolf, Stefan G.: Kirchen in Wiesbaden. Gotteshäuser und religiöses Leben in Geschichte und Gegenwart. Wiesbaden, 1997.
- Wunderer, Hartmut: Alltag, Kultur und große Politik. Wiesbadener Stadtgeschichte in Quellen und Kommentaren. Heft 1: Vom Spätmittelalter bis zum Kaiserreich. Fuldatal und Wiesbaden, 1996.
- Yurtöven, Barbara und Ersin Yurtöven: 1075 Jahre Bierstadt. 927–2002. Wiesbaden, 2002.
- 700 Jahre Elisabethkirche in Marburg 1283–1983. Katalog zur Ausstellung der Universitätsbibliothek Marburg 1983. Marburg, 1983.

DANK

Dieses Buch ist mit der freundlichen Hilfe zahlreicher Personen und Institutionen entstanden. Ihnen sei an dieser Stelle sehr herzlich gedankt. Die Recherchen im Stadtarchiv Wiesbaden, im Hessischen Hauptstaatsarchiv Wiesbaden und in der Hochschul- und Landesbibliothek RheinMain haben mir große Freude gemacht. Dr. Brigitte Streich, Dr. Rouven Pons und Dr. Martin Mayer sei dafür sehr herzlich gedankt, ebenso wie allen freundlichen Ansprechpartner/innen in den Lesesälen. Ausdrücklich bedanken möchte ich mich auch für Recherchemöglichkeiten und Bildmaterial des Stadtmuseums Wiesbaden und des Museums Wiesbaden, Hessisches Landesmuseum für Kunst und Natur: Danke an Dr. Bernd Blisch und Dr. Peter Forster. Ein herzliches Dankeschön gilt Stadtkirchenpfarrerin Annette Majewski für Vermittlungen und Ideen in verschiedene Richtungen, Dr. Hermann Otto Geißler für seine Zeit und wertvollen Informationen, Bernd Blaudow für Recherchemöglichkeiten im Museum Dotzheim, Benjamin Dahlhoff, Josh Schlasius, Dr. Simone Husemann und Hedi Seidler für Fotos, sowie Dr. Ruth Huppert und Andrea Wagenknecht, Prof. Dr. Sabine Arend und vielen weiteren Menschen, die mir weitergeholfen haben. Besonderen Dank möchte ich Prof. Dr. Axel Sawert für seine Bilder aussprechen und meinen Auftraggebern, die dieses Buch ermöglichten: Dr. Thomas Weichel, LH Wiesbaden, und Dekan Dr. Martin Mencke.

Gewidmet ist dieses Buch meinen protestantischen Vorbildern Gerhard Schmaltz, Dr. Dieter Schittenhelm und KR Dr. Frank Zeeb.

AUTORIN

Susanne Claußen, Dr. phil., promovierte in Tübingen bei Prof. Dr. Günter Kehrer und Prof. Dr. Gottfried Korff über die Darstellbarkeit von Religionen im Museum und ist heute Inhaberin des Büros für Religionen und Kulturen in Wiesbaden. Das Büro für Religion und Kulturen bearbeitet historische und religionswissenschaftliche Themen in Dauer- und Sonderausstellungen, Publikationen, Studientagen und Stadtrundgängen. Als Kuratorin konnte Susanne Claußen erfolgreiche Ausstellungen konzipieren und umsetzen, wie zum Beispiel das bibliorama, das neue Bibelmuseum in Stuttgart und die Wanderausstellung „Was glaubst denn du? Wichtiges aus Christentum und Islam zum Selbstherausfinden". An der Wiesbadener Reformationsgeschichte fasziniert sie besonders, wie sich die großen Veränderungen des Reformationszeitalters im Wiesbadener Stadtgeschehen widerspiegelten.

ABBILDUNGSNACHWEIS